Àngels Navarro

100 cosas que puedes aprender aunque seas mayor

"Los que en realidad aman a la vida son aquellos que están envejeciendo."
Sófocles (poeta griego)

Son muchas las investigaciones que han demostrado la necesidad de mantener la actividad, principalmente cognitiva, para paliar o evitar el natural deterioro degenerativo. **Continuar aprendiendo** a lo largo de la vida permite a los mayores mantener su mente y su cuerpo activo, tener un buen estado emocional, mantenerse informado de lo que ocurre a su alrededor, enriquecerse personalmente, fortalecer vínculos sociales, afrontar los cambios propios de la edad con mayor seguridad y minimizar los efectos negativos del envejecimiento.

Debes saber que el envejecimiento otorga nuevas capacidades, la jubilación es un momento perfecto para intentar cosas nuevas y las alternativas para ocupar el tiempo libre (que es mucho) son casi infinitas, y plantearte objetivos hará que te levantes cada mañana de mejor humor. ¿Qué te priva entonces de aprovechar al máximo el tiempo y aprender? Llega un momento en que nos damos cuenta de que el tiempo que nos queda no es infinito y no podemos desperdiciarlo. Lo importante es saber que todos envejecemos, prepararnos para hacerlo bien y sacarle el mayor provecho posible a esos años.

Las Naciones Unidas, en 1991, publicó una carta a favor de las personas de la tercera edad, y algunos de los principios relacionados con el aprendizaje que se recogen en ella son los siguientes:

· Las personas de edad deberán tener acceso a programas educativos y de formación adecuados.

- Las personas de edad deberán permanecer integradas en la sociedad, participar activamente en la formación y la aplicación de las políticas que afecten directamente a su bienestar, y poder compartir sus conocimientos y habilidades con las generaciones más jóvenes.
- Las personas de edad deberán poder buscar y aprovechar oportunidades de prestar servicio a la comunidad, y de trabajar como voluntarios en puestos apropiados a sus intereses y capacidades.
- Las personas de edad deberán poder formar movimientos o asociaciones de personas de edad avanzada.

La vejez debe ser un proceso continuo de crecimiento intelectual, emocional y psicológico y los mayores deben aprovechar las oportunidades que les ofrece la sociedad para desarrollar plenamente su potencial.

NUNCA ES TARDE PARA APRENDER, ¿QUIERES EMPEZAR CON ESTE LIBRO?

APRENDE...

...A HACER UN HERBARIO

■ NECESITAS:

- Lupa – Cámara de fotos – Papel de periódico
- Lápiz y bolígrafo – Libreta – Cinta adhesiva
- Navaja o tijeras de podar – Lápices de colores
- Láminas de cartulina – Bolsa tipo saco para colgar

Quizás puedas aprovechar las vacaciones para fabricar, junto con tus nietos, un herbario. Sigue las indicaciones.

RECOLECCIÓN

1. Recoge las hojas, las plantas y las flores que quieras que formen parte de tu herbario. Escógelas enteras y en buen estado y lo menos humedas posible.
2. Córtalas sin estropear el árbol o la planta. Existen especies de plantas que están protegidas y está prohibida su recolección. Infórmate antes.
3. Es prudente coger más de una de cada tipo para que después puedas escoger la mejor.
4. Guárdalas entre las páginas de una libreta para que no se rompan al transportarlas.
5. Haz fotografías del árbol o de la planta de dónde sale cada hoja o flor. Después podrás incorporarlas al herbario.

SECADO

1. Saca las hojas o las flores de las libreta, límpialas, saca la tierra y corta si hay algo seco.
2. Colócalas entre papel de periódico. Cuánto más mejor.
3. Apila un buen grupo de periódicos y pon encima diccionarios o libros pesados. Es importante prensar bien las hojas para que no cojan malas formas.
4. El tiempo de secado puede ser entre cinco días y una semana. Si quieres que seque más rápido puedes ir substituyendo el papel de periódico.

EL HERBARIO

1. El trabajo más delicado es sacar las hojas de entre los papeles de periódico, posiblemente estarán pegadas.
2. Identifica las hojas recogidas. Puedes ayudarte de Internet y también de libros.
3. Pega las hojas en las cartulinas o álbum con cinta adhesiva.
4. Las páginas del herbario deberían contener, el nombre del árbol o planta, algunas características de las hojas o flores, fotografía o dibujo del árbol...
5. Mira las páginas siguientes, encontrarás un modelo de herbario.

PLÁTANO DE SOMBRA

Familia: Frondosas
Nombre en latín: *Platanus x acerifolia*

Se localizan las primeras especies en Reino Unido y Turquía. Es básicamente ornamental. Es llamado plátano de sombra porqué los podemos ver en parques, jardines, paseos y bordes de carreteras.

ALTURA: entre 30 – 40 m
EDAD: 400 años
Tiene una gran velocidad para desarrollarse. El periodo de floración es muy intenso y se inicia en las primeras semanas de marzo, durando 1 mes y medio aproximadamente. Puede soportar temperatura superiores a los 40 °C e inferiores a los –5 °C.

TU HOJA DE PLÁTANO

Pega tu hoja aquí

Fecha de recolecta:

Lugar de recolecta:

Observaciones:

2 ...A IDENTIFICAR LOS ÁRBOLES

Los árboles no son difíciles de identificar siempre que sepamos la forma y el tipo
de hoja que tienen. Aquí tienes algunas hojas de los principales árboles que podemos
encontrar en España, y alguno más como el Ginkgo, cuya hoja es muy especial
y de una gran belleza.

ARCE
Palmeada

CEREZO
Ovalada

GINKGO
Flabelada

CHOPO
Acorazonada

ABETO
Acicular

ROBLE
Lobulada

CASTAÑO
Elíptica

EUCALIPTO
Lanceolada

ABEDUL
Deltoide

ACACIA
Compuesta

HAYA
Ovalada

HIEDRA
Hastada

PARTES DE UNA HOJA

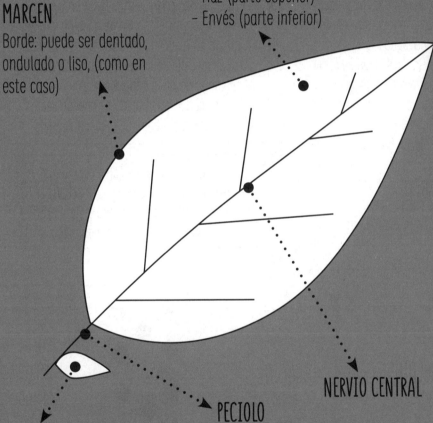

LIMBO

Lámina de la hoja constituida por:
- Haz (parte superior)
- Envés (parte inferior)

MARGEN

Borde: puede ser dentado, ondulado o liso, (como en este caso)

NERVIO CENTRAL

PECIOLO

Rabito que une el limbo de la hoja con la rama o el tallo.

ESTÍPULA

Apéndice que protege la yema que dará lugar a la hoja. Puede mantenerse o no)

3 ...A JUGAR AL DUELO

Para jugar al Duelo solo necesitas una baraja de cartas y papel y lápiz para anotar las puntuaciones.

Se separan todas las figuras y se queda una baraja de 40 cartas. Se reparten tres cartas a cada jugador y el resto se deja boca abajo en el centro de la mesa. Los jugadores miran las cartas que tienen en la mano, escogen una y la colocan boca abajo ante sí.

Se cuenta hasta tres y cada jugador gira su carta. Si una de las cartas tiene un valor superior a la otra, el jugador que las ha girado se queda las dos cartas. Pero si el valor de esta carta es más del doble de la adversaria, gana el que haya tirado la carta más baja. Si las dos cartas son iguales, se quedan sobre la mesa y serán el botín de la proxima ronda.

Las cartas ganadas se colocan en un montón aparte.

Cuando se roba la última carta del montón se juega una sola ronda más y se acaba la partida. Cada jugador cuenta cuántas cartas ha conseguido y gana quien tenga más.

EJEMPLO. El jugador que ha tirado un 4 gana las dos cartas porque el 10 es mayor del doble de la pequeña.

...A COMER CON PALILLOS CHINOS

Casi seguro que tus hijos y tus nietos saben comer con palillos. ¿Quieres aprender?

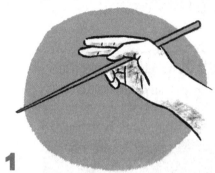

1

Pon el primer palillo en la cruz de tu dedo pulgar y repósalo en la última articulación del anular.

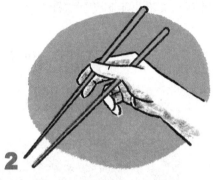

2

Coge el segundo palillo debajo del primero entre el pulgar y el índice.

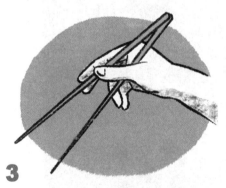

3

Alinea los dos palillos hasta que estén paralelos. Entrénate a desplazar el palillo superior mientras el otro queda fijo.

4

Recoge los fideos y llévatelos a la boca sin que te caigan.

Si no lo consigues siempre podrás utilizar el resorte metálico de las pinzas de la ropa para unir los palillos y aprender a manejarte con ellos.

...A AHORRAR AGUA

El agua es un recurso escaso. La usamos para beber, para ducharnos, para cocinar, para limpiar, para regar...pero no podemos malgastarla.

¿SABES LOS LITROS QUE GASTAS CADA VEZ QUE ABRES EL GRIFO?

TIRAR LA CADENA DEL VÁTER	20 L
UNA DUCHA DE 5 MINUTOS	100 L
LLENAR LA BAÑERA	250 L
LAVARTE LAS MANOS CON EL GRIFO ABIERTO	20 L
ACLARARSE EL AFEITADO	70 L
CEPILLARSE LOS DIENTES CON EL GRIFO ABIERTO	20 L
PONER UNA LAVADORA DE ROPA	70 L
PONER EL LAVAVAJILLAS	50 L
FREGAR EL SUELO	25 L
REGAR UN JARDÍN 100 METROS CUADRADOS	600 L
LAVAR Y COCINAR ALIMENTOS	15 L
LAVAR EL COCHE	500 L

Hay muchas formas de reducir el consumo de agua en el hogar, aquí tienes algunos consejos y trucos sencillos que te permitirán gastar menos agua y te harán ahorrar dinero:

- Darse una ducha en lugar de bañarse.
- Reducir el tiempo de la ducha en 5 minutos para ahorrar hasta 100 litros.
- Utilizar un vaso al lavarse los dientes y cerrar el grifo.
- No usar el váter como una papelera.
- Tener cisternas en el váter de doble pulsador
- Utilizar reductores de caudal de los grifos (permiten ahorrar hasta un 50%).
- Reutilizar el agua cuando sea posible.
- Controlar posibles pequeñas fugas.
- Realizar revisiones periódicas de los electrodomésticos.
- Aprovechar el agua de la lluvia para regar el jardín.
- Regar las plantas por la mañana o por la noche, evitando las horas de mayor evaporación del agua.

...A HACER *KIRIGAMIS* PARA DECORAR

■ NECESITAS:

– Papel blanco – Regla – Tijeras – Lápiz y goma

1

Recorta cuadrados de papel de unos 20 cm de lado.

2

a.   b.

Dobla un cuadrado por la mitad (a). Vuelve a doblar el papel (b).

3

c.   d.   e.

Dobla unos de los laterales hasta la mitad y luego lo mismo con el otro lateral (c y d). El papel quedará como un cucurucho de helado, pero con dos puntas en la parte superior (e), córtalas.

4

Traza a lápiz el dibujo con el que quieras decorar el *kirigami*. Recórtalo y despliégalo.

7 ...EL ALFABETO BRAILLE

Los humanos necesitamos de los cinco sentidos, pero el de la vista es el más importante. Según la OMS, hay 45 millones de personas en el mundo privadas de este sentido.

Louis Braille, pedagogo francés, diseñó un sistema de lectura y escritura para personas con discapacidad visual, utilizando seis puntos de relieve. El método Braille es en la actualidad el sistema de lectoescritura punteada universalmente adoptado en todos los programas de educación de personas ciegas.

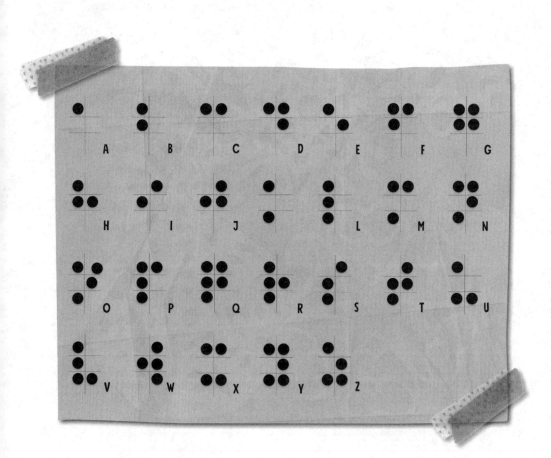

8 ...A HACER TRUFAS DE CHOCOLATE

▪ NECESITAS:

- 375 gr. de chocolate negro para postres
- 2 bolas de mantequilla de la medida de una nuez
- 250 ml de nata líquida
- 1 chorrito de brandy
- Para la cobertura: fideos de chocolate y cacao en polvo

1
Pon el chocolate y la mantequilla en un bol y fúndelos al baño maría. Mézclalo bien.

2
Hierve la nata y déjala templar. Añade la nata al chocolate y mezcla bien. Vierte el brandy y mezcla hasta conseguir una masa homogénea.

3
Pasa la masa a una fuente y deja enfriar durante 24 horas. Pasado este tiempo, con la ayuda de dos cucharas, haz porciones y redondéalas con las manos.

4
Para finalizar, pásalas por el cacao o por los fideos de chocolate y colócalas en moldes de papel.

...EL NOMBRE DE ALGUNAS FOBIAS

Cuando los miedos se convierten en obsesivos se transforman en fobias. Sentirse atrapado por una fobia significa tener un miedo exagerado, constante e irracional a un objeto o situación, que comporta un gran malestar y angustia a la persona que la padece.

Estas son algunas de las más comunes:

- **ARACNOFOBIA** – miedo a las arañas
- **CLAUSTROFOBIA**– miedo a los espacios cerrados
- **CINOFOBIA**– miedo a los perros
- **AEROFOBIA**– miedo a los aviones
- **APIFOBIA**– miedo a las avispas
- **HEMATOFOBIA**– miedo a la sangre
- **GLOSOFOBIA**– miedo a hablar en público
- **DENTOFOBIA**– miedo a los dentistas
- **HIDROFOBIA**– miedo al agua
- **COULROFOBIA**– miedo a los payasos
- **ESCOTOFOBIA**– miedo a la oscuridad
- **TANATOFOBIA**– miedo a morir
- **OFIDIOFOBIA**– miedo a las serpientes
- **AILUROFOBIA**– miedo a los gatos
- **AGORAFOBIA**– miedo a los espacios abiertos, a las multitudes y a los lugares públicos.

10 ...A ENSANCHAR ZAPATOS

Es muy molesto que los zapatos aprieten, pero eso tiene una solución fácil.

1. Ponte unos calcetines gruesos o varios pares finos si no tienes. Introduce los pies en los zapatos.

2. Con un secador de pelo, calienta las partes donde te aprietan mientras mueves y flexionas los pies.

3. Déjate los zapatos puestos hasta que se enfríen y comprueba el resultado con calcetines finos.

4. Si todavía te duelen, puedes repetir el procedimiento hasta que los sientas cómodos. Debes vigilar que el exceso de calor no reseque el cuero.

...LAS MEDIDAS DE UNA CANCHA DE FUTBOL

La FIFA (Federación Internacional de Futbol Asociación) ha publicado en su reglamento de fútbol profesional las medidas oficiales de los campos.

PARTIDOS NACIONALES

- **Medidas máximas:** 120 metros de largo por 90 metros de ancho
- **Medidas mínimas:** 90 por 45 metros

PARTIDOS INTERNACIONALES

- **Medidas máximas:** 110 por 75 metros
- **Medidas mínimas:** 100 por 64 metros

MODO DE MARCARLO:

- Con líneas visibles de 12 cm de anchura.
- Banderín en cada esquina no más alto de 1,50 m
- En el medio del campo se traza un círculo de 9,15 m de radio.
- Área de meta o área chica: se marca una línea a 5,50 m desde cada poste, adentrándose en el terreno perpendicularmente también 5,50 m, uniéndose las tres líneas.
- Área de penalti o área grande: se marca una línea a 16,50 m desde 16,50 m, uniéndose las tres líneas.
- Punto de penalti: a 9,15 m de la línea de meta o portería.

BANDERÍN DE ESQUINA

PORTERÍA

SEMICÍRCULO
DEL ÁREA

ÁREA DE META

ÁREA PENAL

BANDA

LÍNEA DE
MEDIOCAMPO

CÍRCULO
CENTRAL

MANCHÓN
CENTRAL

MANCHÓN
DE TIRO PENAL

90 METROS A
120 METROS

ÁREA DE TIRO
DE ESQUINA

45 A 90 METROS

LÍNEA DE META

Poner una mesa formal puede parecer complicado, pero en realidad
no lo es tanto si sigues el protocolo establecido para este tipo de eventos,
en los que tenemos que cuidar hasta el más mínimo detalle.

1 Servilleta

2 Tenedor de pescado

3 Tenedor de plato principal

4 Tenedor de ensalada

5 Plato base decorativo

6 Plato llano principal

7 Plato ensalada

8 Cuchillo plato principal

9 Cuchillo pescado

10 Cuchara

11 Tenedor para marisco

12 Plato para cafè o té

13 Taza para café

14 Plato de pan

15 Cuchillo de pan

16 Cartel con el nombre
del comensal

17 Salero y pimentero

18 Cuchara de postre

19 Tenedor de postre

20 Copa de agua

21 Copa de cava

22 Copa de vino tinto

23 Copa de vino blanco

24 Copa de vino dulce de postre

* El plato de sopa se coloca
al momento de servir.

13 ...A PINTAR LAS MANOS CON *HENNA*

La henna es una planta que se cultiva en África del Norte, Oriente Medio y la India. Se utiliza para diferentes problemas de salud y también para teñirse las manos y las plantas de los pies, por estética y buscando la buena suerte. Tu también puedes decorarte las manos si sigues las indicaciones y buscas alguien que te ayude:

- Encontrarás *henna* preparada en tubo en tiendas de productos de cosmética natural. No hace falta que la prepares.
- Con una lámina de plástico algo duro, deberás construir una manga como las de pastelería. Deja un agujero en la punta para que salga la henna. Puedes tener más de una manga con agujeros de distintas medidas.
- También puedes utilizar una jeringuilla de inyecciones sin la aguja.
- Ten a mano palillos de manicura para retoques.
- Con un rotulador dibuja el diseño que quieres en la mano.
- Pon la pasta de henna dentro de la manga, aprieta para que salga y ve resiguiendo el dibujo.
- La pasta quedará enganchada haciendo relieve, déjala y tira unas gotas de limón por encima de todo el dibujo. Ayudará a que suba el color.
- A medida que vaya secándose, la capa de encima caerá, dejando ver el dibujo de henna de debajo. Debes tener presente que el dibujo solo durará dos o tres días.

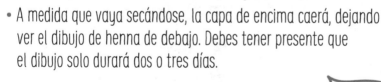

...A IDENTIFICAR LAS NUBES

El conocimiento de las nubes ayuda a pronosticar el tiempo.
¿Quieres aprender a distinguirlas?

12 000 M
10 000 M
8 000 M
6 000 M
4 000 M
2 000 M

CIRROCÚMULOS: nubes con forma de rebaño de ovejas. Formadas por cristales de hielo.

CIRROS: nubes ligeras con largos filamentos. Formadas por cristales de hielo.

ALTOESTRATOS: nubes con velos grises que hacen que el Sol se vea difuso. Pueden provocar lluvia, nieve o hielo.

CÚMULOS: nubes algodonosas y densas.

ESTRATOS: manto bajo de color gris que cubre el cielo y originan nieblas.

NIMBOESTRATOS:
nubes grises, a
media o baja altura,
sin forma definida.
Típicas de los frentes
lluviosos.

CUMULONIMBOS:
nubes grandes,
oscuras y densas,
con gran desarrollo
vertical, asociadas
a tormentas.

...EL NOMBRE DE LA PASTA ITALIANA

Italia es el país de la pasta. Hay más de ¡600 variedades! Aquí puedes conocer el nombre de algunas de ellas.

ROTELLE

CONCHIGLIE

STELINE

CRESTE

FARFALLE

PENNE

CAVATAPPI

MANICOTI

FUSSILI

MACHERONI

CANNELLONI

LINGUINI

DITALINI

RIGATONI

RAVIOLI

SPAGUETTI

TORTELLONI

GNOCCHI

LUNGHI

...QUÉ COSAS PUEDES CAMBIAR Y QUÉ NO

Cuando identificamos lo que realmente depende de nosotros, podemos centrar nuestra energía en promover cambios.

COSAS QUE SÍ PUEDO CONTROLAR

Mis opiniones y creencias

Mis palabras

Mis acciones

Mi aprendizaje de los errores

Mis actitudes

Mi constancia y esfuerzo

Mis pensamientos

Mis elecciones

Mis límites

Mis sentimientos y valores

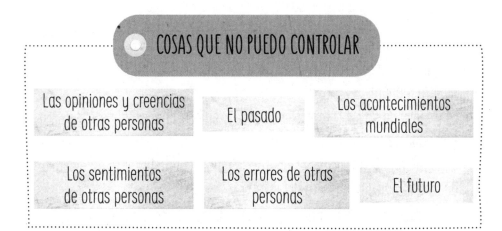

COSAS QUE NO PUEDO CONTROLAR

Las opiniones y creencias de otras personas

El pasado

Los acontecimientos mundiales

Los sentimientos de otras personas

Los errores de otras personas

El futuro

17 ...A HACER LA MANIOBRA DE *HEIMLICH*

Un atragantamiento se produce cuando una persona ha ingerido algo que le obstruye el conducto respiratorio y no puede hablar, toser ni respirar. La maniobra de Heimlich puede salvar la vida frente a un caso de asfixia por atragantamiento.

APRÉNDELA.

1. Inicialmente, pon la persona que está atragantándose inclinada hacia delante y tu detrás, da cinco golpes secos en su espalda a la altura de los omóplatos. Puedes repetir esta operación una vez más.

2. Si el atragantamiento no cesa, inicia la maniobra de Heimlich para provocar que la persona tosa y expulse el elemento que le provoca la asfixia.

3. Colócate detrás de la persona y rodea con tus manos su cintura colocando el puño apretado por encima del ombligo y debajo de la caja torácica (esternón). El pulgar debe estar por fuera del puño y presionar el cuerpo.

4. Con la otra mano cubre el puño.

5. Comprime el puño con un movimiento seco hacia el cuerpo y hacia arriba. Hay que repetir esta acción como mínimo diez veces y de forma rápida. Han de repetirse las compresiones hasta que el objeto o trozo de comida salga.

- Esta maniobra solo es adecuada para adultos, en bebes y niños se realiza de otra manera.
- La intensidad de las compresiones debe ir en consonancia al peso y la edad de la persona.
- Con embarazadas y persones obesas, las manos para hacer la maniobra deben colocarse a la altura del esternón.
- Hay que ser muy prudente y en paralelo llamar a una ambulancia.

...A DOBLAR UNA SERVILLETA DE MANERA CREATIVA

■ NECESITAS:
– Servilleta de tela – Cordel fino

- -

1

Pon la servilleta sobre la mesa con una de las puntas hacia ti. Dóblala en forma de triangulo.

2

A continuación, dobla la punta superior del triangulo hacia el borde inferior.

3

Dobla de nuevo la parte superior hacia abajo, aproximadamente un tercio de su altura.

4

Pliega el resto por la mitad.
Obtendrás una especie de cinta ancha.

5

Ahora, dobla el lado izquierdo en ángulo recto (fíjate en la ilustración).

6

Enrolla hacia la derecha la servilleta. Deberás dar algunas vueltas y después atarla con el cordel.

...A PRIORIZAR

Sin darnos cuenta, vamos agregando a nuestra lista de tareas o agenda más cosas de las que podemos cumplir y esto nos provoca un gran estrés. Para evitar esto, debemos priorizar, o sea ordenar cronológicamente las tareas que hay que realizar primero, y aplazar para más adelante las no urgentes. Un sistema que puede ayudarte a priorizar es:

1. Escribe todo lo que necesitas hacer ese día sin orden de importancia, de momento.

2. El siguiente paso es ver qué tareas requieren tu inmediata atención, o sea que son urgentes. Puede ser que todas sean importantes, pero no todas son urgentes. Consulta la Matriz de Eisenhower.

3. Después debes asignar un puntaje a cada tarea. Puedes usar una escala del 1 a 5, donde 5 es la calificación más alta. Recuerda también otorgar mayor calificación a las urgentes sobre las importantes.

4. Con la puntuación que realizaste, reorganiza tu lista colocando las actividades de mayor a menor urgencia e importancia.

Matriz de tiempo de Eisenhower nos enseña que no todo es tan urgente como parece. Las tareas se pueden clasificar:

- **Urgentes e importantes:** estas son las tareas que deberían realizarse primero.
- **Importantes, pero no urgentes:** metas a largo plazo, que no deben realizarse en el momento.
- **No importantes, pero urgentes:** son tareas que quizás, puedes delegar a alguien o terminarlas una vez hayas completado las más importantes.
- **No importantes, y no urgentes:** son las que deberías eliminar de tu planificación de tareas.

20

...A DESATASCAR UNA TUBERÍA

Es tentador hacer uso de los desatascadores químicos agresivos cuando se nos atasca un desagüe, pero son perjudiciales para el medio ambiente y además dañan las tuberías.
Hay soluciones más caseras como la que se presentan a continuación.

1. ABLANDA EL ATASCO CON AGUA HIRVIENDO

Lo más probable es que la causa del atasco sea la solidificación de productos alimentarios. Si viertes una olla de agua hirviendo en el fregadero, se ablandará y seguramente resolverás el atasco.

2. USA UN DESATASCADOR PARA FORZAR EL PASO

Si no ha funcionado con el agua caliente espera que se enfríe y a continuación usa el desatascador de goma. Llena el fregadero con unos centímetros de agua, a continuación tapa con la mano o con un trapo el rebosero y haz presión fuerte con el desatascador para impulsar el agua de la tubería.

3. USA UNA SONDA

Es posible que con el desatascador no hayas podido solucionar el atasco. En este caso, una sonda de alambre puede ayudar. La espiral que tiene una sonda en la punta, puede fraccionar lo que produce el atasco. Puedes retirar la tapa del desagüe solo con meter un palillo chino o un lápiz por uno de los agujeros y tirar para arriba. También puede que tenga unos tornillos. La sonda pasará con más facilidad por la curva que hace el sifón. Abre el agua de vez en cuando para aligerar los residuos y comprobar que funciona.

...LOS NIVELES DE RUIDO

Las grandes ciudades pueden ser ensordecedoras. Un sonido ambiental constante superior a 65 decibelios resulta molesto y los ruidos constantes de más de 90 decibelios nos pueden provocar problemas de oído (pitos o perdida de audición), y también alteraciones en el sueño, conductas de irritabilidad, aumento de la frecuencia cardíaca y la presión arterial. Cuando esto sucede, decimos que hay contaminación acústica, es decir, ruidos que generan una molestia para las personas y el desarrollo de sus actividades.

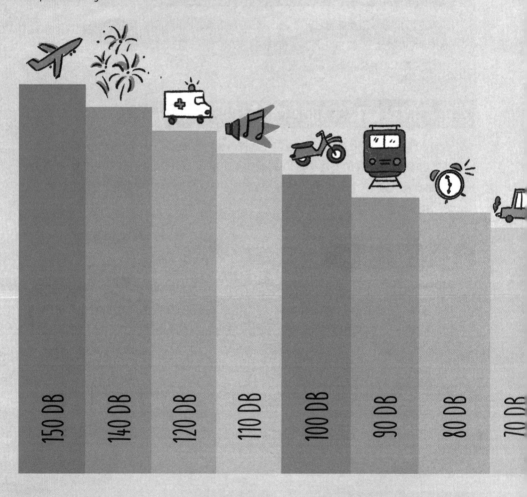

150 DB · 140 DB · 120 DB · 110 DB · 100 DB · 90 DB · 80 DB · 70 DB

La frecuencia de las ondas sonoras se mide por hercios (Hz), que equivalen
al número de vibraciones por segundo. Los humanos solo podemos captar sonidos
comprendidos entre los 16 y los 20.000 hercios.
La intensidad de un sonido, en cambio, se mide por decibelios (dB). La mayoría
de la gente tenemos un umbral de dolor auditivo de 130 decibelios.

22 ...LA RECETA DEL TÉ DE JENGIBRE

No es muy conocida la eficacia del jengibre como antiinflamatorio. La próxima vez que tengas dolor de cabeza o náuseas prueba el jengibre. Actúa de distinta forma que otros inflamatorios, ataca la inflamación con un antioxidante. Sus efectos no conllevan los riegos de los medicamentos antiinflamatorios.

■ CÓMO HACER TÉ DE JENGIBRE:

1 Ralla 1,5 cm de jengibre en crudo.

2 Pon a hervir 2 tazas de agua y cuando hiervan viértelas sobre el jengibre.

3 Deja reposar durante 8 o 10 minutos.

4 Añade jugo de limón, y miel o néctar de agave al gusto.

23 ...A CAMBIAR UNA RUEDA

Cambiar una rueda puede ser sencillo si sigues estos pasos:

1 Calzar el coche: hay que meter el freno de mano y la primera marcha y si se tiene calzo debe colocarse en el eje donde se ha producido el pinchazo.

2 Aflojar los tornillos: Tras los tapacubos encontrarás los tornillos. Deben aflojarse antes de levantar el coche y hacerlo con una herramienta que normalmente está en el coche al comprarlo.

3 Levantar el coche: hay que poner el gato en una zona destinada para ello y girar la manivela en el sentido de las agujas del reloj.

4 Sacar la rueda pinchada: con el coche subido del todo, quitar los tornillos y sacar la rueda.

5 Colocar el neumático nuevo: el neumático substituto debe entrar en perpendicular y de forma suave. A continuación, hay que apretar los tornillos y bajar el coche.

...A ENCONTRAR AGUA PARA SOBREVIVIR

¿Cómo crees que podrías encontrar agua en caso de necesitarla?
Aquí tienes algunos métodos un poco extremos.

DE LA ARENA HÚMEDA

Necesitas un recipiente de plástico que puedas
cerrar. Deberás hacer un agujero en la base
y taparlo. Con una cuchara o un palo deberás
cavar un agujero en la tierra, no muy hondo
y colocar el recipiente dentro. El recipiente debe
quedar enterrado, viéndose la tapa.
Espera dos horas y saca el recipiente
del agujero, girándolo rápidamente de manera
que el agujero quede boca arriba para que
no se pierda el agua recogida.

DE UN ÁRBOL

Coge una bolsa de plástico y un cordel,
pon la bolsa en la punta de la rama
de un árbol, procurando que un puñado
de hojas queden dentro de la bolsa.
Cierra la bolsa con el cordel
y espera cuatro horas, o más.
Verás como, pasado este tiempo,
encontrarás agua dentro de la bolsa.

CON LA AYUDA DE UN PALO

Otra manera de encontrar agua es con la ayuda de un palo. No puede asegurarse
que la técnica sea muy científica, pero hace siglos que se utiliza. Busca un palo fino
en forma de "Y", y agárralo con las dos manos por las dos puntas del palo, situando
las palmas y los dedos hacia arriba. Debes tener el sol de frente. Anda por el campo y si
sientes que el palo empieza a temblar,
quizás has encontrado agua.
Marca el lugar con piedras
y repite la operación desde
otro lado.
Si el palo vuelve a temblar, puedes
ya creer que has encontrado agua.

DE LA HIERBA

Átate una toalla a una rodilla
y pasea por un prado arrodillado .
Al cabo de un rato, desátate
la toalla y verás que está mojada.
Escúrrela dentro de un cazo
o un cubo.

25 ...LA PIRÁMIDE DE *MASLOW*

La pirámide de *Maslow* fue creada en 1943 por el psicólogo humanista
A. *Maslow*. La pirámide forma parte de una teoría sobre la motivación humana.
En élla resumió la jerarquía de las necesidades humanas, que deben satisfacerse
en orden secuencial desde la base hasta la cúspide. A partir que satisfacemos
las necesidades básicas, los seres humanos desarrollamos necesidades
y deseos más elevados.

Primero se buscaría satisfacer las necesidades fisiológicas, que son
aquellas que responden a la supervivencia, y una vez alcanzadas,
abordaríamos necesidades relacionadas con la seguridad, o la huida
del miedo. Tras esto, iríamos a la fase de integración, o sentido
de pertenencia, socialización, contacto y amor. Seguiríamos
por las necesidades de autoestima, en las que se trabajaría
el respeto, la satisfacción o la reputación, y terminaríamos
en la cúspide con la realización personal. Las personas
tienen un deseo innato para autorrealizarse, para
ser lo que quieran ser, y contar con la capacidad
de perseguir sus objetivos.

Necesidad de autorealización { DESARROLLO POTENCIAL, CREATIVIDAD, RESOLUCIÓN DE PROBLEMAS...

 Necesidad de autoestima { RECONOCIMIENTO, CONFIANZA, RESPETO, ÉXITO.

 Necesidades sociales { DESARROLLO AFECTIVO, ASOCIACIÓN, ACEPTACIÓN, AFECTO, INTIMIDAD, SEXUALIDAD.

 Necesidades de seguridad { NECESIDAD DE SENTIRSE SEGURO Y PROTEGIDO: VIVIENDA, EMPLEO, FAMILIA...

 Necesidades fisiológicas o básicas { ALIMENTACIÓN, SALUD, RESPIRACIÓN, DESCANSO, SEXO...

26 ...A HACER EL NUDO DE LA CORBATA

Hay varios tipos de nudos de corbata: el francés, el Windsor, el oriental, el Kelvin... El de esta página es un nudo simple u oriental que se realiza en cinco pasos.

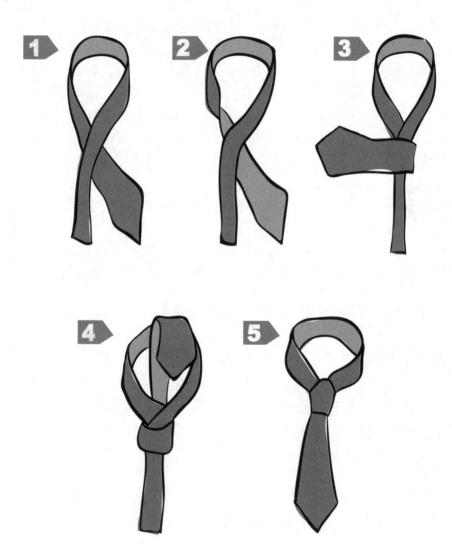

27

...A DECIR GRACIAS EN VARIOS IDIOMAS

Es importante conocer las palabras "Gracias" y "De nada" en distintos idiomas, como signo de deferencia hacia personas de distintos países con las que tengas ocasión o necesidad de relacionarte.

INGLÉS	THANKS / WELCOME
ITALIANO	GRAZIE / DE NADA
FRANCÉS	MERCI / DE RIEN
ALEMÁN	DANKE / BITTE
RUSO	SPASIBO / NE ZA CTO
PORTUGUÉS	OBRIGADO / DE NADA
JAPONÉS	ARIGATOU / DOUITASHIMASHITE
CHINO	XIÈ XIÈ / BÙ YÒNG XIÈ
ÁRABE	SUKRAN / AFWAN
HINDI	DHANYAVAAD / SVAAGAT HAIN

...LOS SIGNOS DEL ZODÍACO Y SUS FECHAS

Tu signo del zodíaco depende del día de tu nacimiento y, según los astrólogos, determina tu personalidad.

CAPRICORNIO:
22 diciembre-19 enero
Serias, competentes
e independientes.

ACUARIO:
20 enero- 18 febrero
Individuales, populares
y voluntariosas.

PISCIS:
19 febrero-20 marzo
Idealistas, amantes de la vida
y carismáticas.

ARIES:
21 marzo- 19 abril
Inteligentes, aventureras
e impulsivas.

TAURO:
20 abril -20 mayo
Leales, sociables
y perfeccionistas.

GÉMINIS:
21 mayo-20 junio
Enérgicas, sociables
y organizadas.

CÁNCER:
21 junio- 22 julio
Tiernas, sensibles y siempre
a la defensiva.

LEO:
23 julio- 22 setiembre
Ambiciosas, seguras
de si mismas y sociables.

VIRGO:
23 agosto-22 setiembre
Creativas, resolutivas
y sencillas.

LIBRA:
23 setiembre-22 octubre
Seductoras, amables
e indecisas.

ESCORPIO:
23 octubre-21 noviembre
Enérgicas, competitivas
y pasionales.

SAGITARIO:
22 noviembre-21 diciembre
Positivos, emprendedores
e independientes.

29 ...CÓMO FUNCIONA EL TELÉFONO

¡¡¡RING!!! ¡¡¡RING!!!

Los teléfonos conviven con nosotros de una manera tan natural que no nos damos cuenta que son uno de los inventos más asombrosos que se han creado. Un artefacto con números, que si los marcas, en pocos instantes estás conectado con otra persona de cualquier parte del planeta.

Los teléfonos han cambiado de aspecto, pero su funcionamiento es prácticamente igual a los de antes. Funcionan transformando las ondas sonoras en corriente eléctrica y enviando esta corriente a un cable, y volviéndolos a transformar en ondas sonoras que se transmiten por la línea telefónica. ¿Habéis jugado alguna vez de pequeños a mandar mensajes a otra persona con dos latas unidas con un cordel? La voz del que habla crea unas ondas que hace que la lata vibre. Esta vibración es transportada a través de la cuerda hasta el otro extremo, haciendo que vibre el otro extremo y se produzcan las ondas sonoras que se crean al hablar.

El teléfono móvil, lo primero que hace es buscar la señal de la estación base de su operador más cercana y establecer una conexión de radio con ella. Para recibir una llamada, el principio es el mismo, excepto que es la estación base que pide establecer la conexión con el terminal.

30 ...A HACER MERMELADA DE MORAS

Ya sabes que las moras crecen entre las zarzas. Puedes dedicar una tarde de primavera o verano a buscar moras para hacer mermelada. ¡Está buenísima!

▪ NECESITAS:

- 1 kg de moras - 400 g de azúcar - El zumo de medio limón

----

1. Limpia las moras y ponlas dentro de una cazuela con el azúcar y el zumo de limón. Déjalas reposar un buen rato.

2. Después pon la cazuela en el fuego y hazlas hervir unos 35 - 40 minutos.

3. Ve removiendo de vez en cuando para retirar la espuma.

4. Mientras, puedes ir esterilizando los tarros donde vas a guardar la mermelada.
   Para ello, ponlos dentro de una olla con agua hirviendo durante 10-15 minutos.

5. Después deberás dejarlos escurrir y secar bien.
   Cuando esté hecha, retírala del fuego.

6. Si quieres una textura más fina, se puede triturar con la batidora.

7. Llena los potes con la mermelada y ciérralos bien.

8. Ponlos boca abajo 24 horas para que hagan el vacío.

9. Después, déjalos enfriar y sécalos bien. De esta manera, la mermelada se conservará durante mucho tiempo.

...A OBSERVAR EL CIELO DE NOCHE

El cielo habla tanto de día como de noche, lee atentamente lo que se cuenta en estas páginas y aprenderás a interpretar el cielo.

ALGUNOS CONSEJOS PARA OBSERVAR EL CIELO

- Prepara algo de abrigo, comida y bebida, una linterna, unos prismáticos y un bloc para tomar notas.
- Busca un lugar tranquilo, fuera de la ciudad lejos de la contaminación lumínica.
- Escoge una noche de verano sin tormenta, ni nubes, ni humedad.
- Mejor que no sea una noche de luna llena, hay mucha claridad y se ven mal las estrellas.
- Tus ojos tardarán entre 15 o 20 minutos a acostumbrarse a la oscuridad.

QUÉ PUEDES OBSERVAR

- El cielo es totalmente cambiante, la luna cada día se retarda un poco más, los planetas hacen recorridos entre las estrellas, las estrellas salen cada día 4 minutos más tarde.
- No todas las estrellas brillan igual depende de su tamaño, y su intensidad, y también de la distancia que se encuentran de la Tierra. A veces, vemos estrellas que nos parecen muy brillantes pero en realidad lo son menos que otras que están mucho más lejos.
- Los cuatro planetas más brillantes son: Venus, Marte, Júpiter y Saturno. Los cuatro son visibles entre las estrellas. Venus es el planeta más brillante, emite una luz blanca. Marte tiene una apariencia rojiza. Júpiter tiene un disco claro y blanco, simplemente con unos prismáticos pueden verse sus cuatro satélites. Saturno se distingue por su forma elíptica.

TRUCOS PARA MEDIR LAS DIMENSIONES Y DISTANCIAS DEL CIELO

Hay un truco para medir las dimensiones y distancias del cielo. Los astrónomos utilizan una escala de grados, minutos y segundos, tu puedes hacerlo con las manos.

Si estiras el brazo hacia el cielo y abres bien la mano, la distancia que hay entre la punta del dedo grande y la del pequeño será de unos 20 grados.

La anchura de un puño será de unos 10 grados y la del dedo grande será de 2 grados.

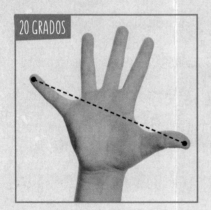

20 GRADOS

10 GRADOS

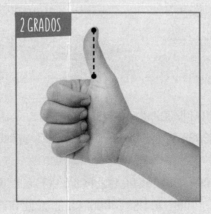

2 GRADOS

¿QUIERES SABER DÓNDE ESTÁ EL NORTE Y EL SUR?

EN EL HEMISFERIO NORTE

Busca la constelación de la Osa Mayor céntrate en las estrellas de la base del carro y más concretamente en las dos estrellas del extremo del carro, Traza mentalmente una línea que apunte hacia la Estrella Polar, la que más brilla. El Norte se encuentra en el horizonte, debajo de esta estrella.

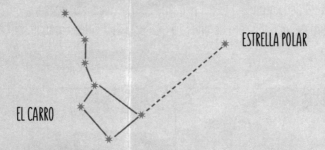

EN EL HEMISFERIO SUR

Busca la constelación de la Cruz del Sur, traza una cruz imaginaria que una las cuatro estrellas. Prolonga la línea más larga hacia el horizonte. Ahí esta el Sur.

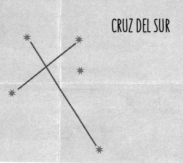

Los astrónomos han organizado el cielo agrupando las estrellas con la forma de unas figuras que tienen su origen en la mitología. Son las constelaciones. Nuestro sistema tiene 88.

Aquí tienes un planisferio celeste con algunas de las constelaciones. Si quieres encontrarlas, localiza primero la Osa Mayor en el cielo, orienta el planisferio en su misma dirección y ya puedes empezar a buscar.

ANDRÓMEDA

TRIÁNGULO

CASIOPEA

CISNE

PERSEO

CEFEO

AURIGA

LIRA

ESTRELLA POLAR

LYNX

OSA MENOR

HÉRCULES

DRAGÓN

OSA MAYOR

32 ...A ENVIAR UN MENSAJE SECRETO

Una buena manera de comunicar un mensaje secreto es escribir mensajes invisibles.

■ NECESITAS:
- Limón
- Papel
- Bastoncillo de algodón

- - - - - - - - - - - - - - - - - - - -

1. Exprime el zumo de medio limón en un recipiente pequeño.
2. Sumerge el bastoncillo de algodón y con él escribe el mensaje en el papel.
3. Déjalo secar unos 20 minutos.
4. En el papel seguirás sin ver nada. El destinatario deberá someterlo a una fuente de calor (vela, bombilla o pasándole la plancha).

33 ...CUÁNTO FALTA PARA QUE SE PONGA EL SOL

El Sol es nuestro reloj. La Tierra tarda 24 horas en girar sobre sí misma. Durante este tiempo, una de sus caras recibe los rayos del sol mientras que la otra está a oscuras: son el día y la noche. ¿Quieres aprender a calcular el tiempo que queda para que se ponga el Sol sin reloj ni teléfono ni nada más que tú?

- Sal al exterior en una zona despejada de casas y árboles.
- Estira bien el brazo y coloca la mano justo debajo del Sol, tal como indica el dibujo.
- No te olvides de protegerte los ojos con unas gafas.
- Cuenta cuántos dedos caben entre el Sol y el horizonte. Si es necesario, pon las dos manos.
- Cada dedo equivale a 15 minutos, así que cuatro equivalen a 1 hora y ocho a dos horas.

34 ...TRUCOS ÚTILES PARA LA COCINA

¿CÓMO SABER SI LOS HUEVOS ESTÁN EN BUEN ESTADO?

Introdúcelos uno a uno en un cuenco con agua. Si el huevo está fresco, caerá al fondo. En el caso que suba a la superficie en posición ladeada, no lo consumas.

¿CÓMO CONSEGUIR QUE EL AGUA EN EBULLICIÓN NO SE VIERTA?

Coloca una cuchara de madera cruzada de manera que se sujete en los bordes de la olla, ¡tan sencillo como esto!

¿CÓMO EVITAR EL OLOR DE PESCADO?

Para eliminar el olor de pescado que queda después de cocinarlo pon a hervir un poco de vinagre en un cazo, verás cómo desaparece.

¿CÓMO DEVOLVER LA FRESCURA AL PAN?

Pinta el pan con agua utilizando una brocha. A continuación, envuélvelo con papel de aluminio y caliéntalo 10 minutos al horno a temperatura media. Si ves que no está, ajusta el tiempo hasta obtener la elasticidad deseada.

¿CÓMO CORTAR CEBOLLAS SIN LLORAR?

Hay varios trucos: cuando las trocees respira por la boca y no por la nariz. Otro truco es echar unas gota de limón, encima de la tabla donde vayas a cortar la cebolla. También puedes sumergir la cebolla en agua caliente y trocearla bajo el chorro de agua.

¿CÓMO ARREGLAR UN GUISO SALADO?

Hay varías opciones: añadir un poco de leche fría o un par de cucharadas de yogurt natural para desalarlo; o echar dos cucharadas de azúcar dentro del recipiente; o poner una patata pelada y partida en dos de manera que absorba la sal.

35 ...A HACER UN MUÑECO DE TRAPO

■ **NECESITAS:**

- Telas lisas y estampadas – Hilos y aguja de bordar – Hilo y aguja de coser
- Fieltro de colores – Pegamento textil – Tijeras – Lápiz grueso – Guata

- -

1

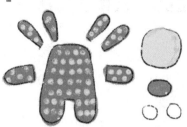

Dibuja, por detrás de la tela, el cuerpo siguiendo el dibujo del libro. Necesitas dos piezas idénticas del cuerpo, dos para las patas delanteras y dos de orejas. El hocico y la nariz hazlo en fieltro.

2

Une las dos piezas de las orejas al revés y cóselas. Una vez cosidas, gíralas del derecho y rellena con un poco de guata. Haz lo mismo con las patas delanteras.

3

El cuerpo se confecciona de la misma manera, pero antes de coser deben colocarse las orejas y las dos patas entre las dos partes del cuerpo.

4

Deja una apertura entre las patas traseras sin coser. Te va a servir para girar el muñeco y para rellenarlo. Cuando tengas el osito girado, pégale la cara, el hocico y los ojos.

5

Utiliza el hilo de bordar para la boca y las uñas. Para terminar introduce la guata por la apertura. Cose el trozo abierto con un punto invisible.

...QUÉ ES LA HUELLA HÍDRICA

Los productos que usamos, la ropa que llevamos y la comida con la que nos alimentamos requiere agua para su fabricación o producción. El agua dulce consumida a lo largo de toda esta cadena de producción se llama huella hídrica.

¿Sabes cuánta agua se necesita para elaborar una hamburguesa?
¿Y para fabricar las bombillas que hay en tu casa? o ¿ para confeccionar la ropa que llevas? Presta atención.

	LITROS DE AGUA NECESARIOS
• Para cultivar una manzana	70 l
• Para elaborar un hamburguesa	8500 l
• Para fabricar un par de zapatos	8000 l
• Para alimentar una gallina	4300 l
• Para fabricar un ordenador	20000 l
• Para confeccionar un pantalón	8000 l
• Para producir medio kilo de trigo	500 l
• Para llegar a preparar una taza de café	132 l
• Para un corte de 300 gr de cordero	1830 l
• Para producir medio quilo de queso	11000 l
• Para producir 1 tableta de chocolate	17196 l
• Para confeccionar una camiseta	2495 l
• Para fabricar un teléfono móvil	12760 l
• Para fabricar una libreta	1500 l
• Para fabricar un coche	400000 l
• Para producir 1 l de leche	1000 l

37 ...A RESPIRAR MÁS DESPACIO

Aprender a respirar más despacio es muy beneficioso para el organismo, sobre todo en momentos de estrés y de ansiedad que son complicados de manejar.

Para realizar la "respiración de la caja", una de las más útiles en este sentido, debes seguir estos pasos:

1. Marca en la alarma de tu teléfono 5 minutos.

2. Te acompañará en este ejercicio una caja cuadrada imaginaria. Visualízala.

3. Siéntate con la columna recta, en el suelo o en una silla, y los pies bien apoyados en el suelo.

4. Cierra los ojos e inhala, contando hasta 4. Mientras lo haces, visualiza el lado superior de la caja o cuadrado imaginario.

5. Mantén la respiración mientras cuentas despacio hasta 4. Visualiza el lado derecho.

6. Suelta el aire de los pulmones mientras cuentas hasta 4 y visualizas el lado inferior de la caja.

7. Aguanta la respiración durante 4 segundos mientras visualizas el lado izquierdo.

8. Inhala el aire despacio y repite todo el proceso hasta cumplir los 5 minutos y dar varias vueltas al cuadrado.

38 ...A HACER BATIDO DE MELÓN

■ NECESITAS:

1
PLÁTANO

2
MELOCOTONES

4
TROZOS
DE MELÓN

200 GR
DE FRUTOS
ROJOS

2
VASOS DE ZUMO
DE NARANJA

200 GR
DE FRESAS

1
VASO
DE LECHE

Mezcla todos los ingredientes dentro
de la batidora y una vez bien batido
ponle hielo y déjalo un buen rato
en la nevera.
Puedes adornar el vaso
con unas mini sombrillas
que te enseñamos
a crear a continuación.

39

...A HACER MINI SOMBRILLAS PARA DECORAR

■ NECESITAS:

- Cartulinas estampadas - Tijeras - Pegamento - Lápiz y goma
- Palitos de brocheta - Goma elástica gruesa

1

Dibuja unos cuantos círculos en cartulinas estampadas. Para que queden perfectos, utiliza algún objeto redondo y repasa el contorno.

2

Recorta los círculos. Si usas unas tijeras de filo ondulado se parecerán más a las sombrillas de verdad.

3

A continuación, haz un corte en los círculos desde el exterior hacia el centro, y pega ambos bordes un poco superpuestos.

4

Clava un palito de madera en cada sombrilla de manera que la punta sobresalga un poco.

40 ...DISTINTOS TIPOS DE HOMICIDIOS

La palabra homicidio procede del latín y está formado por homi- (hombre) y el sufijo -cidio (acción de matar).

▶ **HOMICIDIO:** asesinar a una persona sin intención.

▶ **ASESINATO:** matar con intencionalidad.

▶ **SUICIDIO:** provocarse la propia muerte.

▶ **GENOCIDIO:** homicidio de un grupo social por motivos raciales, político o religiosos.

▶ **FEMINICIDIO:** homicidio de una mujer en manos de un hombre por motivos machistas.

▶ **PARRICIDIO:** homicidio del padre. También se refiere a parientes consanguíneos.

▶ **MATRICIDIO:** homicidio en concreto a la propia madre.

▶ **FRATRICIDIO:** homicidio de un hermano o hermana.

▶ **INFANTICIDIO:** homicidio a un menor.

▶ **FILICIDIO:** homicidio de un padre o una madre a su propio hijo.

▶ **GERONTOCIDIO:** homicidio a una persona de mucha edad.

▶ **TIRANICIDIO:** homicidio a un tirano.

41 ...REMEDIOS CASEROS PARA LAS QUEMADURAS

Las quemaduras leves suelen tardar alrededor de una semana o dos en sanar por completo y generalmente nos dejan cicatrices. El objetivo de tratar una quemadura es reducir el dolor, prevenir infecciones y sanar la piel más rápido.

1. **AGUA FRESCA:** Lo primero que debes hacer si sufres una quemadura leve es dejar correr agua fresca (no fría) sobre la quemadura y alrededores durante unos 20 minutos. Luego lavar el área quemada con agua y un jabón suave.

2. **COMPRESAS FRÍAS:** Colocar una compresa fría o un paño húmedo limpio sobre el área quemada ayuda a aliviar el dolor y la hinchazón. No uses compresas excesivamente frías porque pueden irritar más.

3. **ALOE VERA:** El aloe vera es la planta más eficaz para sanar quemaduras de primer y segundo grado. Es antiinflamatorio, promueve la circulación e inhibe el crecimiento de bacterias. Corta una parte de la hoja de aloe vera y aplica el líquido gelatinoso interior sobre el área afectada.

4. **MIEL:** La miel es un antiinflamatorio y un antibacteriano natural. Aplicarlo por encima la zona de una quemadura leve, puede ayudarte a curarla.

5. **EVITA ESTAR BAJO EL SOL:** no expongas la quemadura al sol. Cúbrela.

6. **NO REVIENTES LAS AMPOLLAS:** reventar la ampolla de una quemadura podría producir una infección y dejarte cicatriz.

7. **RECURRE A MEDICACIÓN FARMACOLÓGICA SI ES NECESARIO:** Las cremas antibióticas ayudan a prevenir infecciones. Toma un analgésico si sientes dolor.

8. **CONSULTA A UN PROFESIONAL:** No dudes en consultar a un médico si no ves clara la evolución de la quemadura.

...A EVITAR LA HINCHAZÓN DE BARRIGA

En algunas ocasiones, sentimos cierta hinchazón después de comer, puede deberse al hecho de tragar aire o ingerir alimentos que fermentan, entre otras causas. Normalmente coexiste con la distensión abdominal (aparte de la presión abdominal, aumenta el volumen).

Entre las causas más comunes de hinchazón después de comer se conocen las siguientes:

- Aerofagia.
- Estreñimiento.
- Estrés o ansiedad.
- Cambios hormonales.
- Obstrucción intestinal.
- Descenso del diafragma.
- Consumo de bebidas gaseosas.
- Comidas abundantes o copiosas.
- Síndrome del intestino irritable (SII).
- Alergias e intolerancias alimentarias.
- Desequilibrios en la microbiota intestinal.
- Dispepsia (dolor de estómago, pesadez, ardor, nauseas).
- Gastroparesia (falta de movilidad de los alimentos dentro del estómago).

CÓMO EVITAR LA HINCHAZÓN

1. Reduce el tamaño de las porciones de los alimentos que ingieres.

2. Limita los alimentos que provocan hinchazón: trigo, avena, frijoles, lentejas, guisantes, cebollas, brócoli, repollo, leche y productos con lactosa, albaricoques, ciruelas, manzanas y peras.

3. Acude a un especialista para que descarte o confirme si padeces la enfermedad celíaca y no puedes tomar gluten.

4. Aumenta el consumo de fibra. La ingesta mínima recomendada es de unos 25 gramos en las mujeres y 38 gramos en los hombres.

5. Revisa el prospecto de la medicación que tomas, alguno puede provocar estreñimiento.

6. Evita tragar aire al comer. Come despacio.

7. Reemplaza las bebidas carbonatadas por agua.

8. Reduce el estreñimiento.

9. Consume probióticos. Puedes encontrarlos en el yogur, el kéfir, el chucrut y el miso.

10. Reduce el consumo de sal, la retención de líquidos está relacionada con la hinchazón.

11. Evita las grasas no saludables. El estómago tarda en digerir las grasas, por este motivo la sensación de saciedad e hinchazón permanecen más tiempo.

12. Consume cápsulas de aceite de menta como digestivo.

13. Realiza una caminata de 10 a 15 minutos después de comer.

14. Practica yoga, ayuda a posicionar los músculos del abdomen.

...A JUGAR A LAS DAMAS CHINAS

Número de jugadores:
2, 3, 4 o 6 jugadores.

Duración aproximada de la partida:
30 minutos.

Material:
Tablero y 60 fichas,
10 de seis colores diferentes.

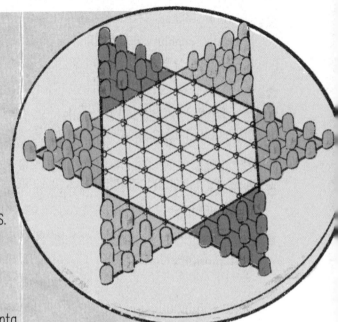

OBJETIVO:

Conseguir que las 10 fichas
propias, situadas en una punta
de la estrella, atraviesen el tablero,
y lleguen a la punta opuesta antes
que el adversario.

CONSEJOS ESTRATÉGICOS:

• Abrir con rapidez, una vez calculadas las combinaciones
de saltos más convenientes.

• Si sitúas unas fichas en forma de escala por dónde
se puedan desplazar las otras fichas saltando, llegarás
a la punta con más facilidad.

CÓMO SE JUEGA:

- El juego empieza con todas las fichas situadas en el tablero.
- El juego varía si hay dos o más jugadores. Con dos jugadores se utilizarán 15 fichas. Si cada jugador juega en más de un campo, jugarán solo con 10. Si solo hay dos jugadores se situarán en campos confrontados. Si son tres se situarán en puntas alternas, y jugarán solo con 10 fichas. Si son cuatro jugadores los que juegan, se dejarán libres dos puntas opuestas.
- Un sorteo determinará el orden de jugada. Se juega en el sentido de las agujas del reloj.
- Las fichas se moverán realizando tres movimientos:
  - **Movimiento simple:** la ficha se mueve en una de las seis posibles direcciones, o sea en todos los sentidos, para ir a un espacio adyacente y vacío.
  - **Salto simple:** la ficha salta por encima de otra ficha vecina (propia o de otro jugador) y se coloca en una de las intersecciones vacías de detrás.
  - **Salto combinado:** la ficha puede encadenar diversos saltos cambiando de dirección si es necesario. Se puede saltar tantas veces como sea posible.

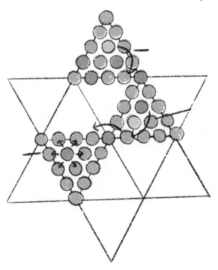

- No hay captura de fichas en este juego. Las reglas del juego no permiten que un jugador bloquee el campo propio, dejando sus fichas allá sin permitir la entrada del adversario. Un jugador no puede introducir ninguna ficha en el campo opuesto, hasta no haber sacado todas las suyas de su campo.
- Habrá un único ganador.

...LOS TAMAÑOS DEL PAPEL

El tamaño del papel es un estándar europeo. El A0 es el formato de referencia, y a partir de éste se calculan los demás formatos. El más utilizado para escritos es el A4, y el A5 es la conocida cuartilla.

A0
841 x 1189 mm

A1
594 x 841 mm

A2
420 x 594 mm

A3
297 x 420 mm

A4
210 x 297 mm

A5

A6

A7

A8

A9

A10

A5 148 x 210 mm   **A6** 105 x 148 mm

A7 74 x 105 mm   **A8** 52 x 74 mm

A9 37 x 52 mm   **A10** 37 x 26 mm

AMT.

TOTAL PAY

...UN TRUCO DE MATEMAGIA

Las matemáticas también pueden ser divertidas. Con este pasatiempo pasarás un rato divertido con tus amigos y familia y los dejarás boquiabiertos.

Necesitarás papel, lápiz y goma. Sigue los pasos y adivina la edad de una persona. Solo necesitas alguien que quiera jugar.

- Pídele que escriba, sin que tu lo veas, el número de calzado que gasta.
- Pídele a continuación que lo multiplique por 2.
- Deberá sumar 5 al producto.
- Multiplicar esta suma por 50.
- Sumarle al producto 1772 (si estás en el año 2022, si no, debes añadir un número más por año),
- Restarle el año de su nacimiento.

Con esto, resulta un número de 4 cifras, pídele que te muestre el papel. Las dos últimas son la edad del jugador. Las dos primeras el número de su calzado.

¡MAGIA!

...ALGUNAS FRASES HECHAS

Aquí tienes una lista de frase hechas en castellano que quizás no sepas.

▶ **A ENEMIGO QUE HUYE, PUENTE DE PLATA**
Se utiliza cuando alguien facilita el escape de un adversario, en lugar de enfrentarse con él.

▶ **LIARSE LA MANTA A LA CABEZA**
Tomar decisiones sin pensar mucho ni evaluar en las posibles consecuencias.

▶ **A OJO DE BUEN CUBERO**
Hacer algo de una forma aproximada, tanteando.

▶ **HACERSE LA/EL SUECA/O**
Hacerse la desentendida o el desentendido. No hacer caso alguno a las reflexiones que se le hagan.

▶ **CONTIGO PAN Y CEBOLLA**
Significa algo así como si estoy contigo no me importa nada más. Lo acepto y lo comparto todo.

▶ **PAGAR LOS PLATOS ROTOS**
Ser culpada o castigada (una persona) por un error o mala acción de lo que no es culpable o no es la única culpable.

▶ **TENER LA SARTÉN POR EL MANGO**
Estar en una posición de poder de una determinada situación.

▶ **METERSE EN CAMISA DE ONCE VARAS**
Complicarse la vida innecesariamente

▶ **ESTAR EN BABIA**
Se dice cuando una persona no está enterada de lo que ocurre a su alrededor.

▶ **COGER EL RÁBANO POR LAS HOJAS**
Equivocarse en la interpretación o en la ejecución de algo por no plantear bien la situación.

47 ...A SACAR MANCHAS DE TU ROPA

He aquí algunos consejos para evitar que las manchas se vuelvan permanentes.

- Lo más importante es no dejar que la mancha se seque. Hay que actuar con rapidez y siempre en función de la naturaleza de la mancha y del tipo de ropa.
- Las manchas de comida, bebida o sangre deben dejarse en agua fría (el agua caliente podría fijar la mancha) durante media hora. Pasado este tiempo, añadir detergente y dejarlas toda una noche.
- La manchas de tinta y pintura deberás humedecerlas con algún disolvente suave o alcohol o quitamanchas comercial, antes de dejarlas en remojo.
- También puedes usar glicerina (la encuentras en farmacias) para ablandar manchas secas.
- Para prendas delicadas, lo más seguro y efectivo es remojarlas con agua y boro.
- Para la ropa blanca, moja la ropa, escurre un limón y dilúyelo en agua y aplícalo encima de la mancha. Si lo tiendes al sol, ¡quedará perfecto!
- Para sacar manchas de desodorante, disuelve dos cucharadas de limón o vinagre en medio litro de agua, y frota con una esponja encima de la mancha.
- Si pones una taza de vinagre en el cajoncito del suavizante de la lavadora cuando comience el enjuague final, la ropa olerá muy bien.
- Los quitamanchas comerciales basados en lejías oxigenadas son útiles también.

...A ORIENTARSE SIN BRÚJULA

La brújula es el medio universal para encontrar la posición en la cual uno se encuentra, pero no siempre tienes una a mano, pero podrás orientarte de otra manera.

PALO DE SOMBRA

- Coloca un palo de unos 90 cm en una superficie plana
- El punto donde cae el extremo de la sombra será el punto A.
- Espera 15 minutos y marca el lugar donde cae el extremo de la nueva sombra. Este será el punto B.
- A continuación, traza una línea entre A y B y tendrás el eje este-oeste. El punto A será el Oeste y el B el Este.

COMPÁS DE AGUJA

- Coge la aguja de coser de tu kit de supervivencia. Frótala repetidamente con un trozo de ropa de seda o con la mano, siempre en la misma dirección. Si antes la calientas un poco te irá mejor.
- Cuélgala de un trozo de hilo que encontraréis también en el kit de supervivencia.
- La aguja empezará a dar vueltas y cuando pare, la punta señalará el Norte.

CON LA AYUDA DEL CIELO

- Encuentra en el firmamento la constelación de la Osa Mayor (es la que tiene forma de carro).

- Observa las cuatro estrelles de la base del carro y fíjate en las dos que en formen el lateral del carro.
Traza mentalmente una línea que se prolongue desde estas dos estrellas hasta llegar a la estrella que más brilla, que es la Estrella polar. El punto de la línea del horizonte que hay debajo de esta estrella es donde se encuentra el Norte.

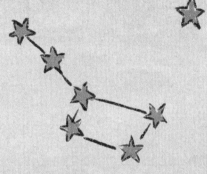

- Para situar el sur, busca la constelación de la Cruz del Sur (tiene forma de cruz), prolonga el brazo más largo de la cruz hasta llegar al horizonte y allá se encuentra el Sur.

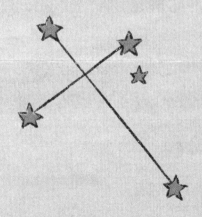

...A AHORRAR

El hecho de ahorrar consiste en reservar una porción de los ingresos para ser usados en un futuro (para sueños, emergencias, imprevistos, tener estabilidad de mayor...). Pero ahora, cuando hablamos de ahorrar todo el mundo entiende, cómo rebajar los gastos para llegar a final de mes. Hay varios métodos que enseñan como ahorrar pero el sentido común será el mejor de los métodos.

HACER UN PRESUPUESTO

Lo más básico para ahorrar es organizar los gastos: saber cuánto ingresas y cuánto (y en qué) gastas. Para ello, hacer un presupuesto mensual, quincenal o semanal es clave. Puedes ayudarte de una hoja excel donde fácilmente podrás anotar todas las partidas a las que destinas tu dinero y, de un solo vistazo, reconocer las que pueden reducirse o cortarse por completo. Procura destinar una partida al ahorro, que si fuera posible deberías decidirlo antes de distribuir las otras partidas.

REDUCIR EL GASTO DE SUMINISTROS BÁSICOS

Pocos modos de ahorrar son tan sencillas como bajar el gasto en consumos diarios. Así, puedes ahorrar agua con duchas más rápidas, ahorrar luz si apagas siempre todas las luces que no estés utilizando, cambiar tu contrato de Internet y prescindir de series o deportes...

RECORTAR GASTOS FIJOS SECUNDARIOS

Todos tenemos gastos fijos de los que no podemos prescindir: hipoteca, colegio... Pero también son frecuentes otros gastos fijos secundarios, que podemos recortar. Por ejemplo, podemos prescindir (o reducir días) del gimnasio, se pueden anular suscripciones a revistas, etc.

CONTROLAR LAS COMPRAS COTIDIANAS Y LOS GASTOS FIJOS

Este es en esencia, el grupo fuerte del presupuesto (hipoteca, colegios, electricidad, agua, coche...) Seguramente sea la que más importancia tiene en el presupuesto familiar. Debes controlar a fondo, nunca te quedes con la primera opción, compara.

Puedes ahorrar en tus compras.
• Elegir bien el supermercado.
• Haz listas de la compra cerradas.
• Evitar compras impulsivas y compulsivas.
• Prestar atención a los descuentos.
• Reciclar, reutilizar y reparar.

OLVIDARTE DE LOS GASTOS HORMIGA

Desayunar fuera de casa, visitar el bazar de donde vuelves cargado de artículos inútiles, tomarte un snack antes de comer, comprar una lata de refresco... Los pequeños «gastos hormiga» se llevan un buen pellizco mensual de tus ingresos, sin apenas darte cuenta. Es importante que los anotes a diario para ser consciente de lo que llegas a gastar en estos pequeños gastos.

COMO REPARTIR LOS INGRESOS

Aquí tienes una manera sencilla de distribuir tus ingresos mensuales:
• 60 % destinado a necesidades básicas: casa, suministros, alimentación,...
• 20 % destinado a desarrollo personal: ocio, cultura, formación y gastos personales (libros, teatro, cine, material de oficina, cursos, exposiciones, ropa...).
• 10 % para ahorro: este dinero no se puede tocar para nada.
• 10 % para inversiones a medio largo plazo: gastos más grandes que harás en el futuro (permiso de conducir, un viaje familiar, reformas...).

50 ...A HACER MALABARISMOS

El malabarismo es una práctica circense que consiste en lanzar a lo alto y al mismo tiempo tantos objetos como sea posible para cogerlos antes de caer al suelo. Los juegos malabares se pueden practicar con diversos objetos. Los más comunes son las pelotas, los aros y las mazas o clavas (unos palos terminados en forma gruesa). Pero se pueden practicar también con tacos de madera, antorchas, raquetas de tenis y con cualquier otro objeto casero, como cubiertos, frutas e incluso huevos.

SI LO PRUEBAS Y LO CONSIGUES, SEGURO QUE SERÁS ¡LA ADMIRACIÓN DE LOS MÁS JÓVENES DE LA FAMILIA!

NECESITAS

Unas pelotas de malabarismo (con 3 o 4 es suficiente) o bien construirlas con globos de colores, arroz (125 gr. para cada pelota) y un embudo.

¿CÓMO HACERLAS?

Para construir las pelotas se precisan cuatro manos, o sea que alguien tendrá que ayudarte. Si tu mano es muy pequeña será mejor que construyas la pelota más pequeña y menos pesada.

Se trata de hinchar un poco el globo, colocar el embudo en su agujero y echar dentro, a través del embudo, los 125 gramos de arroz. A continuación, debes atar bien la cabeza del globo y dejarla muy plana, pegada para que no sobresalga mucho. Finalmente, lo revestirás con otros tres trozos de globo para que todo quede bien sujeto y resulte vistoso.

LA DUCHA DE TRES PELOTAS

Antes de empezar a entrenar debes imaginar ante ti un marco, un cuadrado. El objetivo es que las pelotas no sobrepasen por arriba el marco imaginario (10 cm por encima de la frente), que no salgan lateralmente del marco, que sigan una vertical imaginaria frente a ti y que no se inclinen hacia delante.

- Tenemos una mano dominante y otra subordinada. Tú sabes si tu mano dominante es la derecha o la izquierda.
- Siempre que lances la pelota debes hacerlo con la palma de la mano hacia arriba.

▶ Movimiento 1
Practica con una pelota. Lánzala hacia arriba para que llegue al pico (el punto más alto de la trayectoria según el marco imaginario) y tómala con la otra mano.

▶ Movimiento 2
Cuando hayas aprendido el primer movimiento, incorpora una segunda pelota. Cuando la pelota 1 llegue al pico, lanza la pelota 2 para que llegue a la misma altura.

▶ Movimiento 3
Antes de incorporar la tercera pelota debes practicar mucho con dos. Añádela cuando lo creas oportuno. El objetivo es lanzar la pelota 2 de una a otra mano al tiempo que haces pasar la pelota 3 en sentido contrario.

...A DEMOSTRAR EMPATÍA

La empatía es mucho más que ponerse en el lugar de otro, es la capacidad de comprender la vida emocional de otra persona. La empatía tiene que ver con la escucha activa, la comprensión y el apoyo emocional. Es una habilidad social clave que nos permite escuchar mejor, comprender y formular mejores preguntas. Además, es una de las bases para construir relaciones sólidas y enriquecedoras, basadas en la confianza, la comunicación y el respeto.

CÓMO INCORPORAR LA EMPATÍA EN TU RELACIÓN CON LOS OTROS:

1. Escucha con la mente abierta y sin prejuicios, o sea, siendo respetuosos con los demás y no prejuzgarlos.

2. Muestra cercanía e interés por la otra persona, deja espacio para que se abra y simplemente recibe.

3. Prestar atención y muestra interés por lo que te están contando; no es suficiente con saber lo que el otro siente, sino que tenemos que demostrárselo.

4. Presta atención a la comunicación no verbal.

5. No interrumpas mientras te están hablando y evita convertirte en experto en dar consejos, en lugar de intentar sentir lo que el otro siente.

6. Aprender a descubrir, reconocer y recompensar las cualidades y logros de los demás. Esto va a contribuir, no solamente a fomentar sus capacidades, sino que descubrirán también tu preocupación e interés por ellos.

7. Da tu opinión sobre lo que te está contando de forma constructiva, sé sincero pero procurando no herir con tus comentarios.

8. Ten buena predisposición para aceptar las diferencias sobre opiniones, creencias y decisiones. No juzgues de antemano.

LA EMPATÍA ES ESCUCHA, OBSERVACIÓN, COMPRENSIÓN, ACEPTACIÓN DE LO QUE SIENTE.

...LAS PRINCIPALES CAPITALES DEL MUNDO

Hay 197 países en el mundo miembros de las Naciones Unidas. Aquí encontrarás los principales con su capital y el continente al que pertenecen.

PAÍS	CAPITAL	CONTINENTE
Alemania	Berlín	Europa
Arabia Saudita	Riad	Asia
Argentina	Buenos Aires	América
Brasil	Brasilia	América
Canadá	Ottawa	América
Catar	Doha	Asia
China	Pekín	Asia
Corea del Sur	Seúl	Asia
Dinamarca	Copenhague	Europa
Egipto	El Cairo	África
Emiratos Árabes Unidos	Abu Dabi	Asia
España	Madrid	Europa

PAÍS	CAPITAL	CONTINENTE
Estados Unidos	Washington D.C.	América
Francia	París	Europa
India	Nueva Delhi	Asia
Israel	Jerusalén	Asia
Italia	Roma	Europa
Japón	Tokio	Asia
Marruecos	Rabat	África
México	México	América
Panamá	Panamá	América
Reino Unido	Londres	Europa
Rusia	Moscú	Europa
Singapur	Singapur	Asia
Sudáfrica	Pretoria	África
Suecia	Estocolmo	Europa
Suiza	Berna	Europa

...A RESOLVER *SUDOKUS*

Desde 2005 los *sudokus* arrasan en todo el mundo. El objetivo del juego es rellenar las casillas vacías con los números del 1 al 9 (la parrilla se presenta con algunas casillas ya rellenas.) Pero los números solo pueden aparecer una vez en cada fila, en cada columna y en cada subcuadrícula. Los *sudokus* tienen una única solución.

El *sudoku* que encontrarás en la página de la derecha es un *sudoku samurai*. No es más difícil, es más largo. Deberás resolver los cinco sudokus por separado, teniendo en cuenta las subcuadrículas en común.

Antes de empezar a resolverlo, lee atentamente estos consejos y trucos.

- No te olvides el lápiz y también la goma de borrar.
- Rastrea a lo largo y ancho del sudoku y empieza por llenar los espacios vacíos que se resuelven fácilmente. Empieza por las subcuadrículas 3 x 3 que contengan más números.
- Sigue analizando las tres subcuadrículas de arriba, del centro y de abajo en horizontal. Y también las de la izquierda en vertical, la del centro en vertical y la de la derecha. Un numero determinado (el 9 por ejemplo) debe estar tres veces en las subcuadrículas de cada zona repartidos en la fila de arriba, la del medio y la del centro.

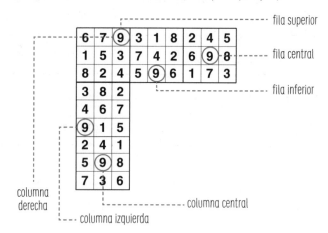

- Cuando la solución no es tan directa, anota en pequeño, en la parte de arriba de las casillas, los números candidatos. Sigue resolviendo las casillas con menos números candidatos.
- También puedes ir eliminando los números que no pueden ir en una determinada casilla.

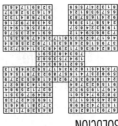

54 ...A CREAR UN MAQUILLAJE DE FANTASÍA

■ **NECESITAS:**

- Barras de maquillaje de colores - Pinceles de varios colores
- Esponjas de maquillaje - Agua - Toallitas desmaquillantes - Purpurina

1

Pinta la base de la cara de amarillo pálido.
A continuación, dibuja con el lápiz blanco
un sol alrededor de cada ojo.
Procura dar a los rayos una forma ondulada
y dinámica.

2

Rellena con un color amarillo más intenso
los dos soles, cubriendo bien el contorno
de los ojos y los párpados. Los rayos, de
momento, repásalos con el mismo color
amarillo.

3

Pinta unas líneas finas de distintos colores
entre los rayos. Puedes alternarlas en este
orden: blanco, naranja, rojo, marrón...
¡Verás qué contrastado y bien te queda!

4

Pinta los labios con el mismo color amarillo
intenso. Para terminar aplica un poco
de purpurina blanca sobre los labios
y los párpados. ¡Cómo brilla este sol!

55 ...ESTRATEGIAS DE SUPERVIVENCIA

Quizás nunca decidas hacer una viaje de aventura, pero por si alguna vez te decides, debes conocer una serie de consejos imprescindibles.

• No olvides explicar a un par de familiares o amigos tu plan de viaje y de dar las coordenadas de por dónde vas a moverte.

• Lo más importante es que en caso de emergencia no entres en pánico y utilices el sentido común.

• Si no tienes claro dónde estás ni cómo volver no pienses "será por ahí". Lo recomendable es quedarte en el lugar, si no puedes quedarte en el lugar hasta que alguien te rescate, no andes sin rumbo. Trata de ir hacia arriba para encontrar vistas, o para abajo dónde encontrar agua.

• Si hace frio y hay peligro de hipotermia, no te duermas. Tápate y haz una cama de hojas y ramas pequeñas. Puedes utilizar las bolsas de basura.

• Puedes hacer una hoguera y calentar piedras. Después enterrarlas y dormir encima. Puedes también, construir una pared reflectante con ramas, troncos y piedras y dormir entre la higuera y la pared reflectante. Recuerda que tienes una manta isotérmica.

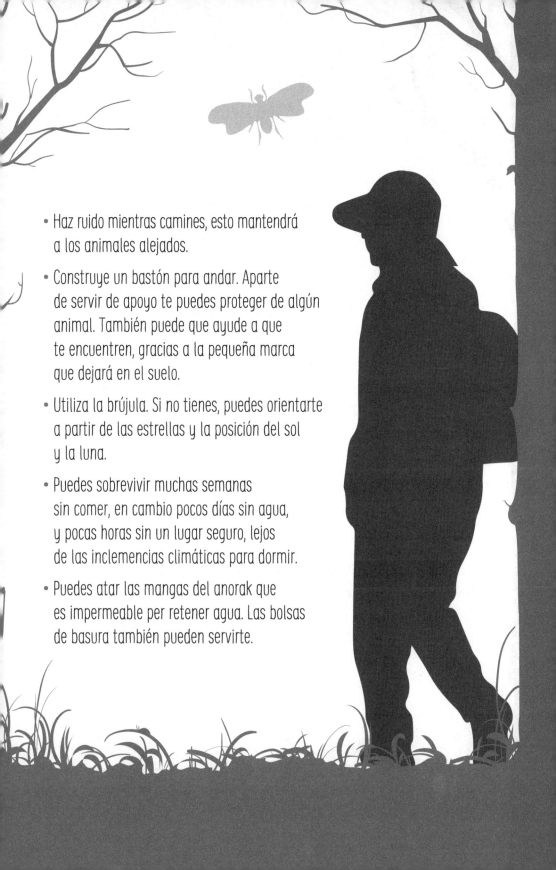

- Haz ruido mientras camines, esto mantendrá a los animales alejados.

- Construye un bastón para andar. Aparte de servir de apoyo te puedes proteger de algún animal. También puede que ayude a que te encuentren, gracias a la pequeña marca que dejará en el suelo.

- Utiliza la brújula. Si no tienes, puedes orientarte a partir de las estrellas y la posición del sol y la luna.

- Puedes sobrevivir muchas semanas sin comer, en cambio pocos días sin agua, y pocas horas sin un lugar seguro, lejos de las inclemencias climáticas para dormir.

- Puedes atar las mangas del anorak que es impermeable per retener agua. Las bolsas de basura también pueden servirte.

- La lluvia, la nieve pueden ser una buena fuente de agua limpia. Una hoja larga puede servirte también para recoger agua.

- Para comer, puedes pescar.

- Sube ropa de color a la copa de un árbol para llamar la atención si necesitas que te rescaten. También puedes servirte de una bolsa de basura (las mejores son las de color naranja)

- Hay insectos comestibles: los grillos, las termitas, las mariposas, las abejas... Hay muchos y muy nutritivos. Sus larvas también lo son. También son buenos los caracoles y los gusanos. Siempre deberás comerlos hervidos o a la brasa.

- També hay plantas y frutas comestibles: moras silvestres, ortigas, cardos, crisantemos, alcachofa borda...

- En caso de hacerte alguna herida, no dejes de curártela, podría ser la causa de una infección.

- El musgo encima de la herida te ayudará a no perder sangre.

- Para tratar las heridas graves, puedes cortar las mangas de una camisa o un trozo de camiseta y utilizarla como venda.

- También puedes utilizar el cinturón o el cordel para sostener el vendaje.

KIT DE SUPERVIVENCIA PARA CASOS EXTREMOS

Si la aventura que vas a disfrutar es de verdad, debes preparar un kit de supervivencia. Es importante que todo quepa en una mochila o bolsa pequeña.

- Una manta isotérmica (lámina fina de color plateado y dorado)
- Una brújula
- Una linterna pequeña que funcione con dinamo, no con pilas
- Anzuelos e hilo de pescar
- 4 metros de cordel resistente
- Una navaja pequeña
- Tiritas, venda, esparadrapo y alcohol
- Una aguja de coser fina y otra fuerte e hilo
- Encendedor y cerillas en un recipiente impermeable o un fósforo metálico o una barra de magnesio
- Azúcar, leche en polvo, café y te
- Bebida isotónica en polvo
- Tabletas para purificar el agua
- Comida liofilizada o papilla de bebés
- Un pito y un espejo para hacer señales
- Bengalas para localización
- Un par de bolsas de basura grandes
- Por supuesto, el móvil y baterías para su recarga

56 ...LAS ABREVIATURAS MÁS CORRIENTES

1. a. C. (antes de Cristo)
2. apdo. (apartado)
3. art. (artículo)
4. atte. (atentamente)
5. av. (avenida)
6. C. P. (código postal)
7. c/ (calle)
8. c/c (cuenta corriente)
9. Cía. (Compañía)
10. D. (don)
11. D. ª (doña)
12. dcho. (derecho)
13. DD. HH. (Derechos humanos)
14. Dir. (director)
15. dto. (descuento)
16. ej. (ejemplo)
17. etc. (etcétera)
18. fasc. (fascículo)
19. Fdo. (firmado)
20. FF. CC. (ferrocarril)
21. izq. (izquierdo)
22. k. o. (knock-out, fuera de combate)
23. máx. (máximo)
24. mín. (mínimo)
25. P. D. (posdata)
26. p. ej. (por ejemplo)
27. plza. (plaza)
28. prof. (profesor/a)
29. r. p. m. (revoluciones por minuto)
30. Rep. (república)
31. RR. HH. (recursos humanos)
32. Rte. (remitente)
33. S. (san)
34. s. (siglo)
35. S. A. (sociedad anónima)
36. S. L. (sociedad limitada)
37. s/n (sin número referido a una calle)
38. sig. (siguiente)
39. Sr. (señor)
40. Srta. (señorita)
41. tel. (teléfono)
42. Ud. (usted)

57 ...A CUIDAR DE LOS BOSQUES

Entre todos debemos cuidar de los bosques ya que sus beneficios son inmensos:

- Ayudan a mitigar el cambio climático.
- Generan biodiversidad.
- Son una fuente de oxígeno.
- Regulan la temperatura.
- Nos ofrecen un lugar de recreación.
- Sirven de pasto para los animales.

- Favorecen que la fauna viva y se reproduzca.
- Regulación del ciclo del agua.
- Nos aportan: carbón, leña, corcho, agua, resina, madera, setas, frutos, pesca, miel y plantas aromáticas y medicinales.

...LOS SABORES QUE PUEDE EXPERIMENTAR TU LENGUA

La lengua humana tiene alrededor de 10 000 papilas gustativas. Además de la lengua, las papilas están en gran parte del paladar y la garganta. Actualmente conocemos cinco sabores: dulce, salado, amargo, ácido y umami.

El umami nos resulta más desconocido. Umani significa delicioso, sabroso en japonés. Algunos alimentos que saben a umami, y que lo contienen de forma natural, son el queso parmesano, los espárragos, los tomates, la carne, los champiñones y las anchoas.

En el dibujo podrás ver qué parte de tu lengua reacciona a cada uno de los cinco sabores.

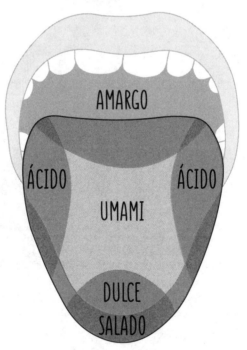

59

...A ELABORAR PASTA FRESCA AL HUEVO

■ NECESITAS:

500 gr de harina – 3 huevos – Cuchillo – Rodillo

- -

1. Haz un volcán con la harina y echa los huevos dentro. Con la punta de los dedos primero y después con toda la mano, ve amasando hasta que quede ligada. Debe despegarse de las manos. Si está muy seca añade un poco de agua y si está húmeda un poco de harina.

2. Haz un churro grande con la masa, envuélvela con papel film y deja reposar 1 hora. Pasado este tiempo, divide la masa en porciones y estírala con el rodillo. Debes hacer una lámina fina y rectangular.

3. Espolvorea los rectángulos de pasta con harina, enróllalos y con el cuchillo corta porciones de 1 cm para obtener tagliatelle.

4. Deja la tiras de pasta formando nidos y tapadas con un trapo hasta terminar de cortar. Solo te queda cocerla con abundante agua y sal.

60

...A HACER POMPAS DE JABÓN GIGANTES

Si quieres divertirte con tus nietos, aprende a hacer pompas de jabón gigantes.

■ NECESITAS:

- Bol - Cuentagotas - Cuchara - Botella de agua vacía - Cañas de refresco
- Lavaplatos líquido espeso - Glicerina de farmacia

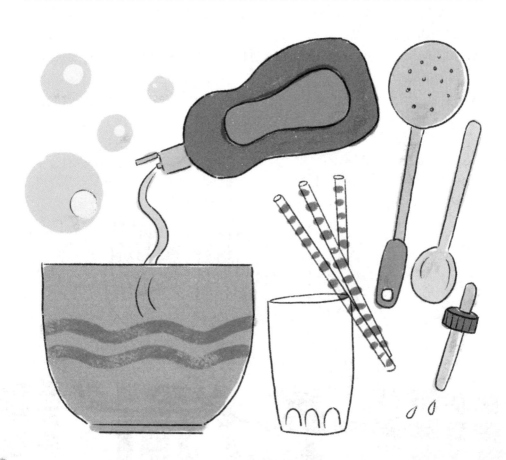

1

Mezcla agua caliente con el detergente en el bol y remueve con la cuchara. La proporción son 8 cucharadas de agua por 1 de detergente.

2

Con el cuentagotas añade 6 gotas de glicerina para esta proporción. Haz algunas pompas para comprobar si la cantidad de glicerina es correcta.

3

Si es correcta, vierte la mezcla en la botella de plástico, tápala y déjala en la nevera durante 3 horas. Pasado este tiempo ya está preparado para jugar.

ADEMÁS DE LAS CAÑAS, PRUEBA CON UTENSILIOS DE DIVERSAS FORMAS COMO COLADORES O ESPUMADERAS. ¡VERÁS QUE POMPAS!

61 ...A COMUNICARTE MEJOR

La comunicación es la columna vertebral de toda relación o actividad. La comunicación es el arte de transmitir información, pensamientos, ideas, sentimientos, creencias, opiniones o datos, de una persona a otra, a un grupo o entre dos o más grupos entre sí. Pero una comunicación no es eficaz si no se comprende el punto de vista del otro y no se hace entender el tuyo.

7 CLAVES PARA UNA BUENA COMUNICACIÓN

1. **CONTROLA TU POSTURA:** Echa los hombros hacia atrás, no cruces los brazos, mantenlos en apertura. Levanta la barbilla y mira a los ojos, es la manera más segura y eficaz de transmitir confianza.

2. **MANTÉN UN BUEN LENGUAJE CORPORAL:** El 90% de la comunicación que transmitimos es gestual. Nuestros movimientos corporales comunican mucho más de lo que pensamos. Controla tu gesticulación.

3. **ESCUCHA:** Un buen comunicador es siempre un buen escucha. Quien sabe escuchar no pierde información, hace preguntas oportunas y comprende a su interlocutor. Haz que la otra persona se sienta comprendida, escuchada, que se sienta importante.

4. **CREA EMPATÍA:** Puedes crear empatía con frases como "Cuéntame más sobre eso". "Qué interesante lo que me dices". "Explícame más sobre el tema". Si eres tu quien inicia la conversación, pregunta algo personal, harás que tu interlocutor o interlocutores se sientan cómodos.

5. **HAZ CUMPLIDOS:** Dile a la gente lo que te gusta de ellos. Harás que se pongan contentos y que su relación contigo fluya.

6. **PREGUNTA SI NO ENTIENDES LO QUE TE ESTÁN DICIENDO.** Gran parte de los conflictos llegan por los mensajes mal entendidos. Además, la calidad de tu respuesta o réplica, depende de saber qué se te está diciendo o pidiendo. ¡Pregunta!

7. **NO INTERRUMPAS:** Evita completar el discurso de otros con tus propias ideas o desviar el tema de una conversación. Permite que las otras personas comuniquen sus puntos de vista sin interrumpir y después expresa tus comentarios.

62 ...ALIÑOS PARA ENSALADAS

Aquí tienes algunos aliños saludables para tus ensaladas.

SALSA DE PASAS Y PIÑONES

Se trata de una salsa oriental ideal para ensaladas de verdura fresca verde, rúcula, canónigos, espinacas, hoja de roble, etc. Mezcla pasas, piñones, un chorrito de vino dulce de oporto, aceite de oliva virgen extra y vinagre de Módena.

VINAGRETA CON MIEL

Haz una vinagreta con aceite, vinagre y sal. Pon los ingredientes dentro de un pote con tapa y mézclalo bien. Añade una cucharadita de miel y de mostaza. La miel y el agridulce de la mostaza, dará un toque muy sabroso a cualquier ensalada de pasta, verdura, etc.

SALSA DE YOGURT

Bate un yogurt natural no azucarado, con un chorrito de aceite de oliva virgen extra y añade unas finas hierbas como romero, eneldo, perejil. Puedes añadir una cucharadita de mostaza o mayonesa, unos pepinillos picados o alcaparras. Es una salsa muy saludable para tus ensaladas con base de lechugas, canónigos, espinaca fresca, etc. También casa funciona muy bien con las ensaladas de ahumados.

...A TEÑIR ROPA CON TINTES NATURALES

1

Pon a hervir durante 15 minutos a fuego lento 750 g de té a granel en un litro de agua. Pasado este tiempo cuela el té.

2

Sumerge la prenda que quieras teñir dentro del agua anaranjada y hiérvela 20 minutos. Si la quieres más oscura, deberá hervir más tiempo.

3

Deja la cacerola con el agua y la prenda dentro de la nevera durante toda la noche.

4

Después cuelga la prenda al sol.

PUEDES USAR OTROS TINTES DE TU COCINA: COL LOMBARDA, CAFÈ, ARÁNDANOS, ESPINACAS...

 **...IDEAS PARA GASTAR MENOS**

1. Piensa en comidas económicas y aprovecha los restos.

2. Busca restaurantes económicos. Pregunta a la gente joven.

3. Compra directamente a los productores de tu población o barrio.

4. Aprovecha todas las ofertas de tiendas y compra marcas blancas.

5. Aprende a coser si no sabes y arréglate la ropa.

6. Intercambia ropa, hay varios mercados dónde podrás hacerlo.

7. No compres ropa que hay que lavarse en la lavandería.

8. Compra solo lo que necesites. Aprovecha rebajas y descuentos.

9. Vende pequeños electrodomésticos o material informático que no utilices.

10. Tira las cosas que no utilices, guardarlas también tiene un coste.

11. Utiliza productos de limpieza polivalentes y así necesitarás menos.

12. Consume libros, revistas y música de las bibliotecas.

13. Revisa las tarifas de telefonía.

14. Controla los gastos de luz, agua y gas.

15. Revisa las cuotas de los seguros y procura buscar nuevas ofertas.

16. Negocia las comisiones de los bancos.

17. Revisa las cuotas fijas de mutuas, clubs y otros.

18. Anota todo lo que gastes y lleva un control mensual.

...LOS PRINCIPALES ÓRGANOS DEL CUERPO

En el tronco del cuerpo humano, protegidos por la caja torácica, se encuentran los principales órganos, todos menos el cerebro.

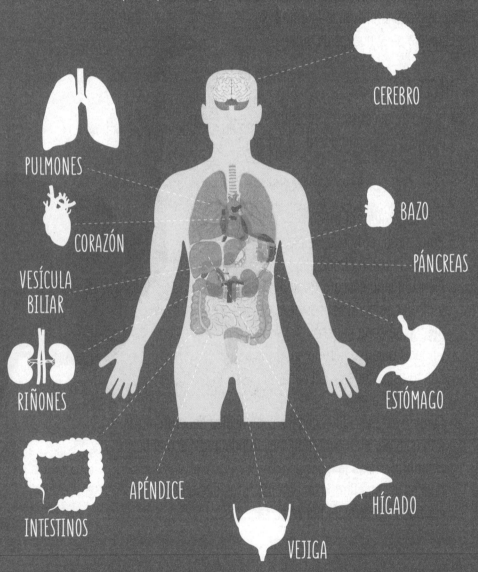

CEREBRO

PULMONES

CORAZÓN

VESÍCULA BILIAR

RIÑONES

INTESTINOS

APÉNDICE

VEJIGA

HÍGADO

ESTÓMAGO

PÁNCREAS

BAZO

66

...A HACER UN HUEVO FRITO (DE AVESTRUZ)

Los huevos de avestruz son los más grandes el reino animal y ¡son comestibles!
Con un huevo de avestruz pueden comer 20 personas.
Uno solo pesa aproximadamente 2 kg
y equivale a 40 huevos de gallina.

■ NECESITAS:

- 1 huevo de avestruz – 1 martillo – Aceite – Pan
- 1 paellera – 1 espumadera – 1 cucharón

1. Pon la paellera al fuego con el aceite.
2. Para cascar el huevo, ve picando
   con un martillo alrededor.
   Piensa que la cáscara tiene 3 ml de grosor
   y dicen que podría suportar el peso
   de una persona encima.
3. Una vez abierto, viértelo en la paellera.
   Con la espumadera y el cucharón echa el aceite
   encima del huevo.
4. Cuando esté cocido, todos los comensales deberán mojar
   pan y comer el huevo en la misma paellera. Saca el aceite
   sobrante.
5. Puedes acompañarlo con patatas fritas que habrás
   cocinado mientras el huevo va friéndose.

67 ...A JUGAR A LOS FUERTES

▶ **MATERIAL:** Dos hojas de papel cuadriculado y lápices

▶ **OBJETIVO DEL JUEGO:** Localizar fuertes enemigos en el desierto y destruirlos completamente.

▶ **DESARROLLO DEL JUEGO:**

Se desarrolla en una hoja de papel donde hay dos cuadrículas de 10 x 10 casillas, numeradas en vertical por el lado izquierdo y con letras en la parte superior. En la cuadrícula de la izquierda, cada jugador dibuja, sin que el adversario lo vea, tres cuadrados de 9 casillas representando sus tres fuertes. El cuadro central de cada fuerte es el cuartel general y debe reseguirse para distinguirlo. Los cuarteles pueden estar situados donde el jugador quiera, pero no pueden tocarse ni por sus lados, ni por sus ángulos. El cuadrado de la derecha servirá para anotar las posiciones en la búsqueda de los fuertes adversarios.

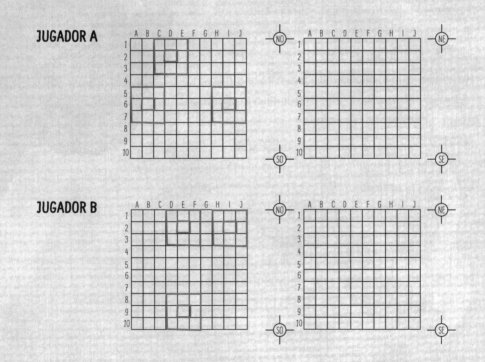

Cuando los dos jugadores tienen sus fuertes dibujados, se echará a suertes quién empieza la partida. El jugador que empieza anunciará la trayectoria de su bomba indicado la casilla de partida (letra o número) seguido de la trayectoria (en el caso de los disparos diagonales NO, NE,..., hasta la casilla de llegada. Por ejemplo: 10-JNE) si el tiro es transversal o C-10 si el tiro es normal. Los disparos diagonales deben atravesar todas las casillas de la cuadrícula, o sea que solo se pueden disparar desde uno de los ángulos.

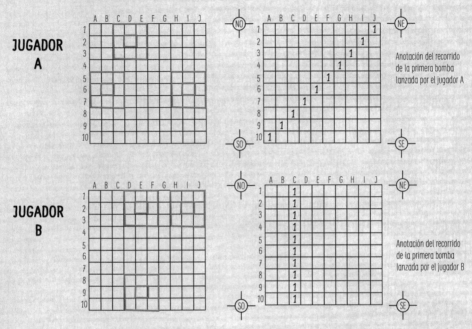

JUGADOR A

Anotación del recorrido de la primera bomba lanzada por el jugador A

JUGADOR B

Anotación del recorrido de la primera bomba lanzada por el jugador B

El jugador contrario, comprobará el tiro en la cuadrícula donde están dibujados sus fuertes y deberá dibujar la trayectoria de los disparos en esta misma cuadrícula y anunciar cuántas casillas de sus fuertes han estado tocadas indicando las coordenadas de éstas. El disparo que roza los lados o los ángulos no se considera que ataque a los fuertes.

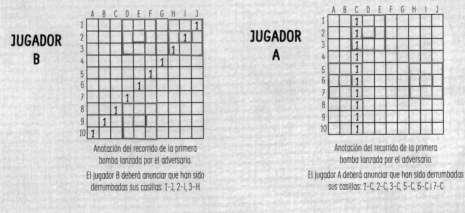

JUGADOR B

Anotación del recorrido de la primera bomba lanzada por el adversario.

El jugador B deberá anunciar que han sido derrumbadas sus casillas: 1-J, 2-I, 3-H

JUGADOR A

Anotación del recorrido de la primera bomba lanzada por el adversario.

El jugador A deberá anunciar que han sido derrumbadas sus casillas: 1-C, 2-C, 3-C, 5-C, 6-C i 7-C

Es muy importante que los jugadores registren también las casillas tocadas del adversario. Puede hacerse tal como indica en el dibujo de abajo.

JUGADOR B

Anotación de casillas derrumbadas del adversario.

JUGADOR A

Anotación de casillas derrumbadas del adversario.

El juego finaliza cuando uno de los jugadores afirma tener suficiente información sobre el emplazamiento de los tres fuertes enemigos. Éste deberá decir en voz alta las coordenadas de los tres cuarteles generales. Si las tres coordenadas son exactas, ganará la partida, pero solo con que una de las posiciones sea errónea, pierde.

ESTRATEGIA:

- Procurar situar los fuertes fuera de las dos diagonales.
- Fijarse bien en las casillas derrumbadas para poder estimar el emplazamiento de los fuertes enemigos y del cuartel general. No precipitarse.

...MÁS COSAS DEL CIELO

¿A QUÉ DISTANCIA ESTÁN LAS ESTRELLAS?

La luz viaja a 300.000 Km. por segundo. En un año recorre casi 9.000 millones de kilómetros. Un año luz equivale a 10 trillones de kilómetros. La estrella más próxima a nosotros es la Próxima Centauri y esta a 4 años luz de distancia. Dicho de otra manera, la luz tarda 4 años en llegar. Si desapareciera la estrella ahora, nosotros tardaríamos 4 años en enterarnos.

ECLIPSES DE SOL

Una de les cosas más espectaculares que hay es un eclipse total de Sol que tiene lugar cuando convergen les trayectorias del Sol y la Luna y esta última es sitúa entre la Tierra y el Sol y lo esconde lentamente. La brisa para, la temperatura baja, los animales entran en un estado de calma, mientras, todo se oscurece siendo de día.

EL MOVIMIENTO DE LOS PLANETAS

Los planetas se mueven más lentos que la Luna, pero trazan trayectorias entre las estrellas que pueden seguir fácilmente si los observamos durante una temporada, una estación per ejemplo. Cuanto más lejos está el planeta más lentamente parece que se mueva.

SATÉLITES ARTIFICIALES

Los satélites que envían la señal de televisión a nuestras antenas, están situados a 37,50 km encima de la Tierra. Su velocidad es la misma que la de rotación de la Tierra y por lo tanto siempre está encima del mismo lugar.

LLUVIA DE METEORITOS

Cada noche del año podemos ver una docena de meteoritos por hora. Pero hay algunas noches, que según la posición de la Tierra, nos inundan con lluvias de meteoritos. Cada año, al mes de agosto, entre el 11-12 o el 12-13 tiene lugar una lluvia de estrellas (que en realidad son meteoritos) la conocida como 'Las lágrimas de San Lorenzo'.

...EL CICLO DEL AGUA

El ciclo del agua es vital para mantener la temperatura del planeta. A medida que el agua de los océanos se vapora y se eleva, se lleva el calor de la Tierra, y regula la atmósfera del planeta de manera parecida al sudor que mantienen el cuerpo frío.

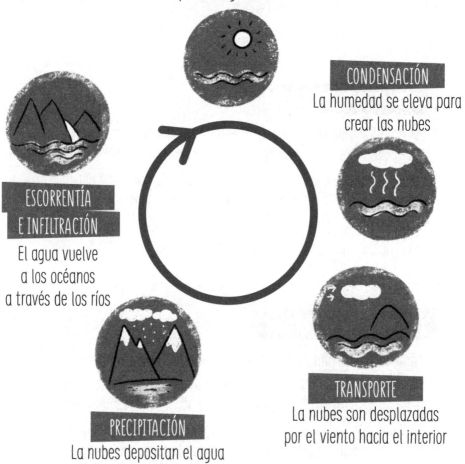

EVAPORACIÓN
El sol evapora el agua de los océanos

CONDENSACIÓN
La humedad se eleva para crear las nubes

ESCORRENTÍA E INFILTRACIÓN
El agua vuelve a los océanos a través de los ríos

TRANSPORTE
La nubes son desplazadas por el viento hacia el interior

PRECIPITACIÓN
La nubes depositan el agua en forma de lluvia o de nieve

...APRENDE A HACER CREPES

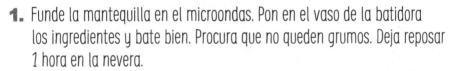

PARA LA MASA

■ NECESITAS:

- 2 huevos – 125 gr de harina
- 250 ml de leche – 1 cucharada de azúcar
- 50 gr de mantequilla – 1 pizca de sal
- 1 crepera o sartén lo más plana posible – Cucharón y espátula

- -

1. Funde la mantequilla en el microondas. Pon en el vaso de la batidora los ingredientes y bate bien. Procura que no queden grumos. Deja reposar 1 hora en la nevera.

2. Una vez haya reposado, remueve para que quede un poco líquida. Si ha quedado demasiado espesa añade un chorrito de leche.

3. Engrasa la sartén con un poco de mantequilla. Cuando esté caliente añade un poco de masa. Gira la sartén para que se extienda. Cuando veas que los bordes comienzan a dorarse dale la vuelta. A medida que vayas haciendo crepes, déjalos una encima de otra para que aguanten el calor.

PARA EN RELLENO Y ACOMPAÑAMIENTO

Los crepes dulces puedes rellenarlos de chocolate y nueces troceadas, de dulce de leche, de plátano y fresas; de requesón y miel; de crema pastelera; de mermelada... Y decorarlos con unos frutos secos (almendra laminada, avellana picada, nueces) o coco rallado; sirope...
Algunos buenos rellenos de crepes saladas son de: jamón y queso; verduras (calabacín y zanahorias), jamón y crema de queso; champiñones, queso parmesano y crema de leche; gambas, bechamel y eneldo...

71

...LO QUÉ NECESITAS PARA UN BUEN MAQUILLAJE

- Prepara la piel con hidratante no graso.
- Aplica una prebase de maquillaje, alisará y fijará el maquillaje.
- No te olvides del iluminador en la zona de debajo de los ojos para eliminar las ojeras.
- Usa un fondo de maquillaje de textura cremosa de tu mismo color de piel.
- Aplica polvos para matizar la piel y eliminar brillos.
- También necesitas rubor para dar vida a tus pómulos y rostro.
- Para los ojos necesitas un delineador para hacer las líneas de los párpados y enmarcar la mirada.
- También, sombra de ojos en polvos o crema. Puedes tener varios colores.
- A las pestañas debes aplicar primero la prebase para protegerlas y alargarlas y después máscara para dar color.
- Con el lápiz repasa las cejas para que se vean más espesas.
- Da color y frescura en los labios con la barra de labios.
- El brillo labial o gloss final, dará a los labios un acabado acristalado y con volumen.

72 ...A COMER EQUILIBRADO

Para tener una buena salud y envejecer bien es importante seguir una dieta equilibrada, coherente y sana. El esquema de ésta representa los cinco grupos de alimentos principales y las proporciones que hay que consumir en un día.

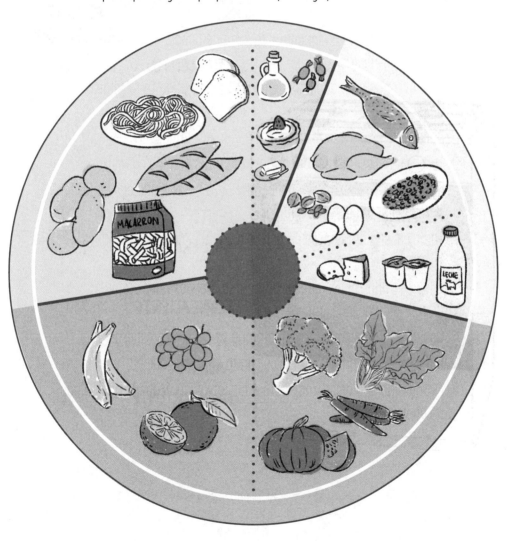

73 ...LAS TEMPERATURAS DE COCCIÓN

	GRADOS CENTÍGRADOS
MUY LENTO	110
	120
	130
	140
	150
LENTO	160-170
MODERADO	180
	190
SEMICALIENTE	230
	220
CALIENTE	230
MUY CALIENTE	240-260

...COSAS SOBRE EL AGUA DEL PLANETA

El agua es un elemento vital para la vida. Aquí tienes algunas cifras.

Casi las tres cuartas partes del planeta están recubiertas de agua, el 71%

De toda el agua del planeta, solo el 3% es consumible para las personas. El 97% no sirve.

Un 20% de las reservas de agua potable provienen del lago Baikal de Rusia y otro 20% proviene del rio Amazonas en América del Sur.

De este 3%, el 2% está helada en los icebergs.

Solo el 1% es útil para los humanos. Una inmensa parte del 97% está contaminada.

75 ...LA POLINIZACIÓN DE LAS FLORES

Gracias al transporte de polen de los estambres de una flor (órganos masculinos a los estigmas (órganos femeninos) tiene lugar la fecundación y la reproducción de las plantas, o sea el surgimiento de semillas y frutos. En este proceso pueden intervenir muchos actores: el viento, el agua, los mamíferos, los insectos y las aves. Este proceso es vital para la supervivencia de los seres humanos ya que que si no hubiera polinización, gran gran parte de los alimentos que consumimos no existirían.

Cada tipo de flor tiene uno o varios polinizadores. Para atraerlos hacia su néctar y su polen, las flores han desarrollado colores distintos para asegurarse de atraer al tipo de polinizador que más les interesa. Por ejemplo, se sabe que, para las abejas, el color más atractivo es el violeta, mientras que para los colibríes son los tonos rojos y naranjas. Así, para garantizar la próxima generación de flores a través de la polinización, las plantas se van adaptando al sistema de visión de insectos y aves. Los polinizadores acaban relacionando ciertos colores con fuentes de alimento.

76 ...COSAS SOBRE TU MEMORIA

La afirmación de que la memoria nos fallará cuando seamos mayores es un mito. Los procesos cerebrales se hacen más lentos, pero no necesariamente disminuyen. El envejecimiento es un proceso personal y único que no implica necesariamente una pérdida cognitiva notable. Hay una gran parte de la población que puede llegar a una edad muy avanzada sin padecer disminuciones significativas de sus capacidades.

Ahora bien, mentiría si dijera que la edad no comporta ningún declive mental, pero, en la mayoría de los casos, todos los cambios que se producen en el cerebro son de origen leve y no afectan a la independencia para la vida cotidiana. Lo más vulnerable de la memoria con el paso del tiempo es:

• La reducción en la velocidad de procesamiento de la información; se aprende más despacio y las respuestas son más lentas.

• La memoria declarativa (nombres de personas, lugares, citas...).

• El origen de los recuerdos (recordar la fecha y el lugar de un hecho).

• La evocación de recuerdos se hace más complicada que el hecho de recordar algo nuevo (los nombres, por ejemplo, se olvidan con facilidad).

• Los conceptos espaciales (el camino para ir a un lugar en concreto).

• La simultaneidad de las tareas; se hace más difícil hacer más de una actividad a la vez.

En cambio, no se ve afectada:

- La memoria de reconocimiento, la memoria semántica y las tareas automatizadas (memoria procedimental)

- La atención en general permanece casi intacta con el paso del tiempo.

- La memoria perspectiva —acciones que se deben llevar a cabo para realizar una tarea— mejora con los años y la experiencia.

- El lenguaje mejora, se amplía y madura con el tiempo.

- El razonamiento, las capacidades para valorar, emitir juicios y construir argumentos sólidos, no tan solo no mengua, sino que mejora a medida que nos hacemos mayores.

- La fuerza de voluntad no se ve en absoluto perturbada con la vejez.

Un verdadero trastorno memorístico corresponde a un déficit real de las capacidades de aprendizaje y de evocación de información, y da resultados bajos en los tests de memoria.

77

...LOS IMPRESCINDIBLES EN UNA CAJA DE HERRAMIENTAS

En todos las casas debería haber una caja con las herramientas, por eso es importante que equipes una. Aquí encontrarás algunas herramientas imprescindibles.

- Taladro eléctrico
- Mini destornillador eléctrico
- Destornillador de punta plana de 6 o 7 mm
- Destornilladores de estrella
- Un juego de llaves Allen
- Alicate universal
- Alicate de punta fina y tenaza pequeña
- Llave inglesa de tamaño mediano 8" o 10"
- Un nivel de burbuja
- Tacos y tornillos
- Clavos
- Un martillo mediano
- Cinta métrica o flexómetro de 5 metros
- Taladro y brocas
- Aceite lubricante
- Cola blanca y de contacto
- Cemento rápido
- Alargador de cable eléctrico

78 ...A REDUCIR LAS EMISIONES DE CARBONO (CO2)

Debemos procurar dejar un mundo mejor para los que nos siguen.

¡CAMBIA TUS HÁBITOS Y LO HARÁS POSIBLE!

1. Baja el termostato de tu calefacción a 21°.
2. Mejor usar ventilador que aire acondicionado.
3. Utiliza bombillas LED.
4. Tiende la ropa al sol en vez de utilizar secadora.
5. Haz la colada a 40°.
6. Procura que tu lavavajillas y frigorífico sean de clase A+++, consumen menos.
7. Instala un limitador de flujo en la ducha y aireadores para los grifos.
8. Sécate el pelo al aire libre.
9. Deja el ordenador apagado cuando no lo uses.
10. Mejor utilizar un portátil que un ordenador de sobremesa.
11. Deja el cargador de tu teléfono desenchufado.
12. Sigue una dieta con baja huella de carbono (productos de km 0, sin envasado de plástico, productos que necesitan menos energía y que dejen menos huella hídrica...)
13. Conviértete en un consumidor sostenible.
14. Deja el coche aparcado y utiliza transporte público o bicicleta.
15. Consume energía renovable.
16. Comprueba siempre la etiqueta energética al comprar un electrodoméstico.
17. Planta árboles.

79 ...A MEDITAR

La meditación está considerada un tipo de medicina complementaria para mente y cuerpo. En la actualidad, su principal propósito es el relajamiento, la reducción del estrés y el conocimiento de las emociones. Es un ejercicio con el que, entrenamos la mente para llevarla a un estado de paz, calma y serenidad interior.

La meditación es una práctica buena para cualquier edad y especialmente recomendable para las personas mayores, ya que implica una alta concentración mental, ayudando a conseguir un envejecimiento saludable, favoreciendo la capacidad cognitiva y la memoria.

Además:
- Alivia el estrés, la ansiedad y otros trastornos como la depresión
- Afecta positivamente el sistema inmunológico.
- Previene la hipertensión arterial y reduce los niveles de cortisol.
- Mejora la autoestima y reduce la sensación de soledad, al conseguir sentirse mejor con uno mismo.
- Favorece la conciliación del sueño.
- Ayuda a mejorar la memoria y la atención
- Mejora la habilidad para lidiar con enfermedades y con el dolor crónico.

Para meditar correctamente, sigue estos pasos que se indican a continuación y no olvides que hay centros dónde puedes practicarla junto a un profesional.

1. **Ponte ropa cómoda:** Quítate los zapatos, el reloj... y otros complementos que puedan ser molestos.

2. **Busca un lugar tranquilo:** Que permita relajarte (habitación, parque, playa...).

3. **Siéntate de manera correcta:** Si te colocas en una mala postura enseguida sentirás la espalda cargada, las piernas dormidas y ello te distraerá.

4. **Céntrate en un objeto:** Cuando te inicias en la práctica meditativa debes dirigir tu foco en un objeto (cojín, pelota blandita) o en tu propia respiración.

5. **Acepta los pensamientos que te surjan y sigue adelante:** Es normal que te pasen por la cabeza pensamientos, emociones, déjalos fluir y vuelve, así que puedas, a centrarte con tu objeto o con tu respiración.

6. **Aumenta tu tiempo de meditación de forma progresiva:** Debes empezar por 5 minutos, para progresivamente llegar a los 20 o 30 minutos. Añádalo a tu rutina diaria.

...REFLEXOLOGÍA BÁSICA

Solamente en los pies, hay alrededor de 15 000 nervios, una de las muchas razones por las que la reflexología podal es tan relajante, calmante y efectiva. Además mejora la circulación, libera toxinas, revitaliza la energía y actúa de forma preventiva. La reflexología forma parte de las llamadas medicinas alternativas. Sustenta que distintas áreas del pie corresponden a órganos y sistemas del cuerpo y que la presión aplicada en el pie genera relajación y mejora nuestro bienestar e incluso curación de unas determinadas dolencias.

Un masaje a fondo deberá hacerlo un fisioterapeuta, pero usando el mapa de zonas reflejas del pie que adjuntamos, podrás realizar una sencilla rutina de 15 minutos que resultará muy relajante.

1

Relaja los pies, con técnicas simples de relajación: presiona y aprieta, golpea ligeramente o frota suavemente, lo que te haga sentir mejor.

2

En la parte inferior del pie, presiona con el pulgar y el dedo índice desde la base del talón hacia cada dedo del pie (como si caminaras).

3

Repite la misma relajación en el otro pie y también la presión del talón a los dedos.

4

Termina con masajes suaves: desliza suavemente las yemas de los dedos por las partes superior, inferior y lateral de cada pie como si de una pluma se tratara, apenas tocando la piel.

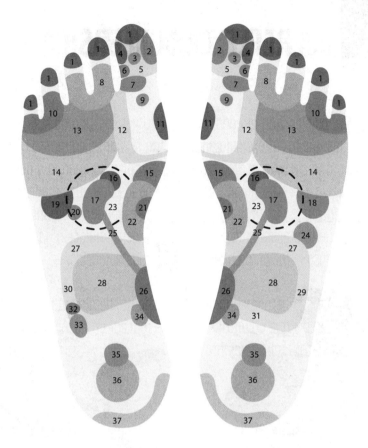

1 Senos frontales

2 Nariz

3 Glándula pituitaria

4 Nervio trigémino

5 Cerebro

6 Cerebelo

7 Cuello

8 Ojos

9 Hipertensión

10 Orejas

11 Glándula paratiroidea

12 Glándula tiroidea

13 Trapecio

14 Pulmón derecho, bronquios

15 Estómago

16 Glándula suprarenal

17 Riñones

18 Corazón

19 Hígado

20 Vesícula biliar

21 Páncreas

22 Duodeno

23 Plexo celíaco

24 Bazo

25 Uréter

26 Vejiga

27 Colon tranverso

28 Intestino delgado

29 Colon descendente

30 Colon ascendente

31 Colon sigmoide, recto

32 Válvula leocecal

33 Apéndice

34 Ano

35 Insomnio

36 Gónadas

37 Nervio ciático

...A HACER CARAMELOS

■ NECESITAS:

- Azúcar - Sal - Jarabe de maíz - Mantequilla - Termómetro de dulces
- Esencia para repostería del sabor que quieras - Colorante alimenticio
- Papel de horno

1

Vierte dentro de un cazo 300 ml de jarabe de maíz y 450 de azúcar. Remueve bien a fuego lento hasta que el azúcar se disuelva.

2

Sube el fuego y retira los grumos de los lados. Echa una cucharadita de sal dentro de la masa.

3

Sigue removiendo y cuando esté bien caliente añade 2 cucharadas de mantequilla. Comprueba con un termómetro que esté a 130 °C.

4

Separa la pasta en montoncitos
y déjalos en una bandeja para que
se enfríen.

5

Pide ayuda. Untaros las manos
con mantequilla y estirar uno de
los trozos hasta hacer una tira larga
(un rulo) de 30 cm.

6

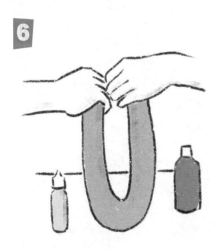

Juntar los extremos cerrando en
un aro y volver a estirar. Añade
la esencia y 3 gotas de colorante.
Estira y espera que quede rígido.

7

Unta un cuchillo con mantequilla,
corta la tira a círculos y envuelve los
trozos con papel de horno.

...A ATRAVESAR UNA HOJA DE PAPEL

Se trata de un juego para impresionar a los pequeños. Debes hacerles creer que tu sabes atravesar una hoja de papel DIN A4 y retarlos a que ellos lo intenten. Cuando los pequeños desistan, demuestra tu habilidad.

1. Reproduce todas estas líneas en una hoja de papel DIN A4. A continuación, dobla la hoja por la línea central y recorta por las líneas.

2. Después corta por la línea central. Atención, solo hasta donde está la línea negra, los dos extremos no.

3. Abre y extiende el papel, ¡verás que grandes es!

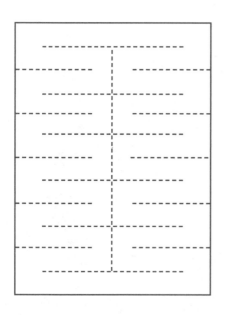

83

...CÓMO PUEDES QUEMAR CALORÍAS

¿Sabes cómo puedes quemar unas 100 calorías? Aquí tienes ejemplos de actividades que te permitirán quemar 100 calorías.

¡TOMA NOTA!

CON 10 MINUTOS DE...
> FÚTBOL
> CORRER
> BÁSQUET
> ABDOMINALES

100 CALORÍAS MENOS

CON 15 MINUTOS DE...
> REMO
> TENIS
> AERÓBIC
> NATACIÓN
> CICLISMO

100 CALORÍAS MENOS

CON 20 MINUTOS DE...
> BAILE
> YOGA
> BÁDMINTON
> MALABARISMO

100 CALORÍAS MENOS

CON 30 MINUTOS DE...
> BILLAR
> PETANCA
> PASEAR

100 CALORÍAS MENOS

...LAS CALORÍAS DE ALGUNOS ALIMENTOS

1 grano de uva
2 cal

café
2 cal

pepino
10 cal

zumo tomate
20 cal

zanahora
20 cal

1 gr fresas
33 cal

ciruela
35 cal

100 gr brócoli
35 cal

sandia
35 cal

vaso leche
semidesnatada 48 ca

1 cda mermelada
58 cal

pan blanco
68 cal

manzana
80 cal

huevo
82 cal

zumo naranja
88 cal

copos de maiz
100 cal

plátano
100 cal

1 cda aceite oliva
118 cal

vino blanco
118 cal

refresco cola
144 cal

huevo frito
145 cal

croisant
200 cal

helado
200 cal

ensalada
200 cal

pollo al horno
210 cal

salmón plancha
215 cal

cerveza
230 cal

plato pasta
262 cal

porción piza
266 cal

pistachos
320 cal

arroz
340 cal

queso emental
360 cal

aguacate
380 cal

patatas fritas
400 cal

pastel
430 cal

hamburguesa
560 cal

cacahuetes
570 cal

crepes
600 cal

taza chocolate
780 cal

mantequilla
780 cal

85

...VIVIR DE MAYOR CON PLENITUD Y VITALIDAD

El envejecimiento conlleva la pérdida de algunas facultades, pero otorga otras. De nuestra actitud ante estos cambios que se dan en nuestra vida dependerá la capacidad de disfrutar del momento, de encontrar el sentido de cada etapa y de sentirnos útiles. La jubilación es un tiempo perfecto para intentar cosas nuevas. Arriésgate a probar o retoma los proyectos que nunca pudiste llevar a cabo. Disfrutar de este periodo te ayudará a dar sentido a tu vida, a sentirte realizado y a no perder tu autonomía e independencia.

Envejecer no es sinónimo de enfermedad, demencia senil o ausencia de deseo sexual. Tampoco lo es de incapacidad productiva o creativa ni de un estado de eterno cansancio que obliga a llevar una vida sedentaria. Algunas personas asocian la ancianidad con una época de decrepitud y aburrimiento. Pero nada más lejos de la realidad, la vejez puede y debe ser una etapa de continuo crecimiento intelectual, emocional y psicológico. Lee estos consejos:

1. **Presta atención a tu salud**: comparte tus dolencias con tus familiares y no dudes en consultar con un profesional de la salud.

2. **Gestiona el tiempo en función de tu ritmo**

3. **Vive experiencias nuevas**: las alternativas para ocupar el tiempo son casi infinitas: actividades educativas (universidades y cursos para mayores), de ocio (ejercicio físico, aficiones, viajes...) y sociales y culturales.

4. **Genera vínculos**: Los lazos afectivos —con familiares o amigos— son muy importantes. Aprovecha para intensificarlas. Anímate a salir, a entablar nuevas amistades, y a seguir en contacto con las personas que ya conoces y con las que compartes objetivos y criterios.

5. **Observa tu apariencia sin perjuicios**: La vejez conlleva ciertas modificaciones que se verán reflejados en la apariencia. Acepta estos cambios de la mejor manera posible.

6. **Conoce lugares nuevos**: viajar y visitar lugares es muy recomendable. Lo cierto es que no siempre es posible llevarlo a cabo por motivos de salud o de dinero. Pero no olvides que hay opciones pensadas para la gente de edad, maravillosas para recorrer tu país.

7. **Aprende**.

86 ...IDEAS PARA TU TIEMPO LIBRE

Cuando llegamos a una determinada edad tenemos mucho tiempo libre y es conveniente ocuparlo si queremos que nuestro cerebro y cuerpo se mantengan estimulados y activos. Aquí tienes algunas ideas, nada sencillas, que pueden ayudarte a encontrar una afición y a sentirte ocupado.

1. Aprender a tocar un instrumento musical y a componer
2. Aprender un idioma
3. Aprender a cocinar
4. Aprender repostería
5. Componer música
6. Escribir un libro o cuento
7. Visionar películas y series
8. Ir al teatro y a conciertos
9. Practicar yoga o pilates
10. Hacer meditación
11. Jugar a las cartas o a juegos de mesa
12. Escribir un guion de película o serie
13. Hacer un curso online
14. Comenzar un blog
15. Leer
16. Aprender a chatear y a participar en las redes sociales.
17. Aprender a dibujar y pintar
18. Ir a exposiciones y museos

19. Hacer bricolaje

20. Bailar

21. Hacer trabajos manuales

22. Aficionarte a la jardinería

23. Resolver puzles y sudokus

24. Hacer deporte y andar a diario

25. Aprender a jugar ajedrez

26. Aprender beatboxing

27. Escribir poesía

28. Iniciarte en el coleccionismo

29. Aprender a fabricar joyas de bisuteria

30. Escribir tus memorias en un diario

31. Aprender trucos de magia

32. Aprender a cantar

33. Hacer maquetas

34. Aprender a reciclar materiales

35. Scrapbooking

36. Jugar en familia.

87 ...CONSEJOS PARA PREVENIR ACCIDENTES DOMÉSTICOS

- Usar zapatos cómodos, tacón bajo y suela antideslizante.
- Procura que los útiles que necesites estén al alcance y no tengas la necesidad de subirte a escaleras o sillas.
- Instala bombillas intensas para tener una visibilidad de los obstáculos de la casa. Enciéndelas siempre.
- Saca las alfombras y procura que los suelos no sean resbaladizos.
- Desplaza los pesos con una mano y que la otra te quede libre para agarrarte si lo necesites.
- Ten cuidado con el vertido de agua y los suelos resbaladizos.
- Instala pasamanos y bordes antideslizantes en las escaleras.
- Substituye, si es posible, la bañera por un plato de ducha a nivel del suelo.
- Instala agarradores en la bañera o ducha.
- Procura que el suelo del baño sea totalmente antideslizante.
- Mantén las estufas alejadas de los muebles por lo menos 1 m.
- Evita las velas.
- Procura revisar que esté bien cerrado el gas.
- Mantén en buen estado la conexión eléctrica.
- No conectes muchos aparatos en un mismo enchufe.
- Fíjate bien para no confundirte cuando tomes la medicación.
- Respeta la caducidad de los alimentos.
- Come despacio y masticando bien para evitar atragantamientos.

...RECETAS DE CREMAS

CREMA DE PEPINOS CON MENTA

■ NECESITAS:

– Pepino – Yogures naturales – Limón – Caldo de pollo – Menta – Aceite – Sal

- Pela los pepinos y córtalos a trozos.
- Pon dentro del pote de la batidora los pepinos, los yogures (2 para cada 3 pepinos), el zumo de un limón, un poco de sal y un poco de aceite.
- Tritúralo todo hasta que quede una crema. Añádele el caldo y remueve. Mejor que quede un poco espesa.
- Pica las hojas de menta y échalas dentro de la crema. Ponla en la nevera.

CREMA DE BRÓCOLI, LECHE DE COCO Y MASCARPONE

■ NECESITAS:

– Cebolla – Brócoli – Leche de coco – Caldo de verdura – Queso mascarpone – Sal y pimienta negra

- Corta a tozos la cebolla y el brócoli. Pon dentro de una olla las verduras y 200 ml de caldo y 200 ml de leche de coco. Salpimienta.
- Deja cocer durante 30 minutos. Casi al final, añade el mascarpone.
- Cuando esté cocida, tritúralo todo.
- Puedes decorarlo con picatostes y un chorrito de nata líquida o semillas.

CREMA DE ZANAHORIAS

■ NECESITAS:

- Cebolla - Zanahorias - Caldo de verdura - Nata líquida - Aceite
- Sal y pimienta blanca

- Pela y corta una cebolla grande y póchala en una cacerola.
- Pela siete zanahorias, córtalas y añádelas a la cacerola cuando la cebolla esté blanca. Remueve.
- Añade 1 l de caldo, salpimienta y pon a cocer a fuego medio entre 15 y 18 minutos.
- Cuando la zanahoria esté blanda, tritúralo todo, añade un poco de aceite y 150 gr de nata líquida. Mezcla bien.

CREMA DE PATATA AL CURRY

■ NECESITAS:

- 400 g de patatas - 1 cebolla - 3 puerros grandes - Aceite de oliva
- Curry en polvo - Sal y pimienta

- Pela y corta en rodajas las patatas, la cebolla y los puerros. Ponlo a cocer hasta que estén blandas las patatas.
- Deja enfriar un poco y pásalo todo por la batidora. Añade una cucharada de aceite, sazona con sal y pimienta y añade media cucharadita de curry en polvo.
- Sirve caliente.

...A COMPRAR ROPA DE MANERA RESPONSABLE

Actualmente se impone la moda rápida. La industria de la moda ha dividido el año en nada menos que 52 "microtemporadas". Las prendas están hechas para no durar y esto provoca, por un lado que compremos mucho, y por otro, que la ropa no se pueda donar ni reciclar, y cada vez se desechen más millones de toneladas de ropa al año.

Si deseas comprar ropa de manera responsable sigue estas indicaciones y verás como lo consigues:

• Saca todo lo que tengas en tus armarios y distribúyelo en tres montones: la que te encanta y te pones, la que te gusta y te pones, y la que no te gusta o no te pones.

• El montón de ropa que te encanta y te pones debe, a partir de ese momento, ser la base de tu armario y a partir de aquí ir complementando.

• Mira si al resto de ropa le puedes dar una segunda oportunidad reciclándola. Si no, dónala o véndela.

• Decide cuántas piezas (sin contar ropa interior, pijamas ni chándal) quieres que formen parte de tu vestuario y complementos. 45 puede ser un buen número, si pones un límite te será más fácil cumplirlo.

• Plantéate si realmente necesitas comprar más ropa y complementos.

• Si necesitas comprar, sé consciente que la industria de la moda es una de las más contaminantes del planeta y busca marcas que respeten el entorno. Compra ropa sostenible, lee bien las etiquetas.

• Procura que todas las prendas que compres sean combinables entre ellas y así poder crear una gran variedad de conjuntos.

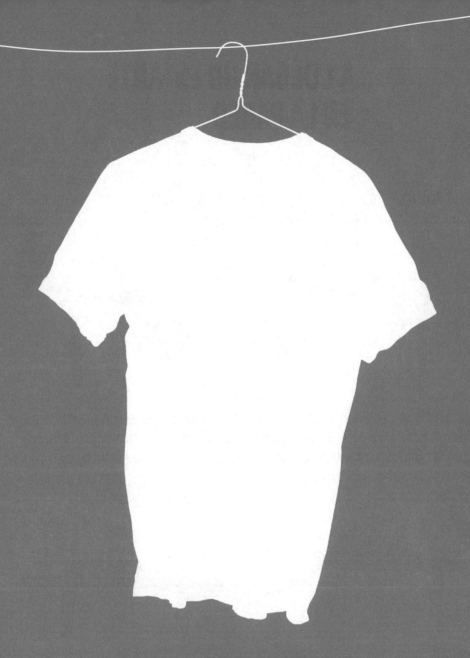

- No compres ropa de muy baja calidad se te romperá enseguida y resultará mucho más caro. Es preferible tener poca ropa, pero que tenga un poco de calidad.
- Aprovecha las rebajas y los descuentos. Atrévete a comprar ropa de segunda mano.

90 ...A COLGAR UN ESTANTE EN LA PARED

NECESITAS: - Taladro - Lápiz - Tacos - Tornillos - Cinta métrica - Nivel de burbujas - Atornillador

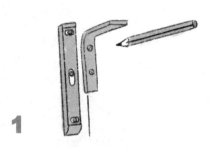

1

Sitúa uno de los soportes en la pared. Pon el nivel a la izquierda del soporte para ver si está recto. Con el lápiz marca los agujeros. Saca el soporte y haz una muesca con un tornillo en cada marca.

2

Mide el tornillo y el soporte, traslada esta medida a la broca y márcala con cinta adhesiva. El tornillo debe introducirse 2 cm en la pared. Haz los agujeros con el taladro, pon los tacos y atornilla el soporte.

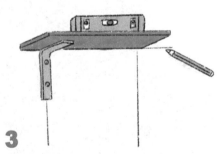

3

Coloca el estante y equilíbralo sobre el primer soporte con el nivel. Dibuja una línea horizontal por debajo del estante. Sitúa el segundo soporte con la ayuda del nivel. Repite lo mismo.

4

Coloca el estante encima de los dos soportes y comprueba con el nivel si está recto. Fija el estante a los soportes con tornillos mucho más pequeños.

...LA SITUACIÓN DE UNA ORQUESTA SINFÓNICA

En una orquesta sinfónica se reúnen un gran número de instrumentos.
La colocación de los instrumentos frente al director de orquesta depende en gran medida de la intensidad sonora de cada unos de ellos. Ésta es la distribución actual más habitual.

NO DUDES EN ASISTIR A CONCIERTOS O A LA ÓPERA SIEMPRE QUE PUEDAS.

PERCUSIÓN
TIMBALES
PERCUSIÓN
TROMPAS
TROMPETAS
TROMBONES
TUBA
TROMPAS
CLARINETES
FAGOTES
CONTRAFAGOT
FLAUTAS
OBOES
CORNO INGLÉS
ARPA
VIOLINES II
VIOLAS
CONTRABAJOS
VIOLINES I
VIOLONCHELOS

92 ...A CONSTRUIR UN ABANICO CHINO

NECESITAS:

- Papel estampado de scrapbook — Cola - 2 palos para manualidades tipo polo
- Tijeras - 1 trozo de cordel fino -1 trozo de cinta

Dobla el papel en forma de acordeón y ata el cordel en el centro.

Despliega el papel y pega entre si las dos mitades superiores.

3

Pega un palo de helado en
cada mitad inferior.

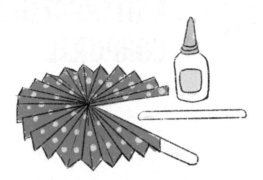

4

Con un trozo de cinta, fabri-
ca una anilla. Te servirá para
mantener el abanico abierto.

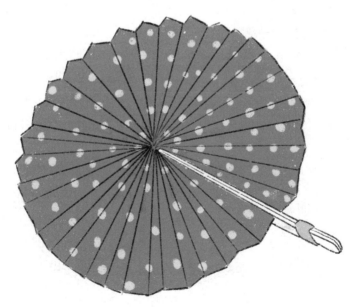

...A INTERPRETAR EL LENGUAJE CORPORAL

No solo hablamos con las palabras, nuestro cuerpo también habla. De forma inconsciente nuestro cuerpo y rostro realiza gestos, posturas y movimientos que expresan emociones y pensamientos. ¿Pero qué significan estos gestos?

CARA

- Taparse o tocarse la boca significa un intento de ocultar algo.
- Llevarse un dedo o un objeto a la boca significa inseguridad o necesidad de tranquilizarse.
- Sonreír y que los labios se levanten más del lado izquierdo indica una falsa sonrisa.
- Tocarse la oreja demuestra el deseo de bloquear las palabras que escuchas.
- Tocarse la nariz indica que se está mintiendo o que se está enfadado o molesto.

- Frotarse un ojo es un intento de no mirar a la cara a la persona que se está mintiendo.
- Guiñar el ojo significa complicidad.
- Levantar las cejas significa un signo de disconformidad.
- Pestañear repetitivamente es una forma de bloquear la visión de la persona que tienes delante.
- Rascarse el cuello da señal de duda con lo que se está diciendo.

BRAZOS Y MANOS

- Cruzar los brazos muestra desacuerdo y rechazo.
- Cruzar un solo brazo por delante para sujetar el otro brazo denota falta de confianza en uno mismo.
- Brazos cruzados con las manos debajo de las axilas y los pulgares fuera y hacia arriba, denota una actitud defensiva y a la vez de orgullo.
- Unir las manos por detrás de la espalda demuestra confianza y ausencia de miedo.
- Las palmas de las manos abiertas expresa sinceridad y honestidad.
- Entrelazar los dedos de ambas manos transmite una actitud reprimida, ansiosa o negativa.
- Llevarse las manos a las caderas indica una actitud sutilmente agresiva.

PIERNAS

- La piernas cruzadas muestran una actitud defensiva y cerrada, de resistencia y baja receptividad.
- Las piernas cruzadas a nivel de los tobillos significa búsqueda de control.
- Los pies cruzados reflejan timidez y desconfianza.
- Mover rítmica y compulsivamente una pierna comunica impaciencia.

...CONSEJOS PARA NO PERDER LA MEMORIA

Una buena memoria es posible a todas las edades, pero aquí tienes algunos consejos por si en algún momento los necesitas.

▶ PARA EVOCAR UN RECUERDO

- Cuando sientas que tienes una palabra en la punta de la lengua, piensa en todas las consonantes y asócialas a las vocales. Al cabo de poco recordarás la palabra.
- Utiliza ayudas extravagantes para recordar: cambia el anillo de dedo, haz un lazo en el dedo...
- Visualízate memorizando o memoriza delante de un espejo. También es útil grabarse.
- Cuando quieras recordar algo y no te salga, no abandones, sigue pensado en lo que quieres recordar. Al final te saldrá. Cuando evocamos un recuerdo, éste se "refresca" y eso es bueno porqué seguirá almacenado más a mano.

▶ PARA FIJAR UN RECUERDO

- Utiliza medios de apoyo: agenda, listas, notas adhesivas, pastillero, calendario...
- Utiliza la cámara de fotos de tu teléfono.
- Procura situar, lo que quieras registrar en tu memoria, dentro en un contexto.
- Haz asociaciones relacionando las cosas para fijar mejor el recuerdo.
- Visualízate memorizando o memoriza delante de un espejo. También es útil grabarse.
- Si tienes que memorizar una lista de palabras, clasifícala en categorías, jerarquízala.
- La repetición es importante para fijar informaciones.
- Relaciona nuevos datos con recuerdos anteriores.

▶ PARA TRABAJAR LA MEMORIA

- Guarda siempre los objetos más utilizados en el mismo sitio.
  El orden exterior es orden interior, y la memoria necesita guardar los recuerdos
  de manera ordenada para recuperarlos cuando se necesitan.

- Seguro que recordar cómo era una plaza de alguna ciudad adonde hayas viajado
  es más fácil que recordar el texto de un libro. Recordamos más las sensaciones
  que las ideas. Vive las cosas, ya que todo lo que vivas lo recordarás con más
  facilidad.

- Canta canciones, explica recetas, recita poesías y aprende cuentos para
  explicar a tus nietos. Es un buen ejercicio para trabajar la memoria.

- Otro buen ejercicio es recordar hechos pasados —el nacimiento de un hijo,
  por ejemplo— y explicarlos.

- Practica actividades que te ayuden a pensar: pasatiempos, adivinanzas,
  palabras cruzadas, dominó, ajedrez...

- Conversa con gente. Muéstrate abierto a las cosas.

- El ritmo, la tonadilla asociada a un texto, facilita su recuerdo.

- Lee un poco cada día: libros, revistas, prensa...

- Seguir rutinas, facilita la fijación de una información.

- Si quieres memorizar un texto, convierte todo lo que puedas
  en imágenes. Te ayudará a recordarlo después.

...QUÉ EL SEXO ES POSIBLE A TODAS LAS EDADES

Entrar en lo que se considera la tercera edad no tiene por qué suponer el final de las expresiones de afecto y sexualidad, lo que cambiará será la manera de relacionarse. La actividad sexual es una de los grandes placeres de la vida y no debe detenerse por la edad. Será el inicio de una nueva fase de placer sexual dónde éste se redefinirá.

Por supuesto las relaciones sexuales serán más espaciadas, más lentas y de reacciones más tardías que cuando se era más joven, debido a los cambios físicos que causa el envejecimiento. Además, patologías como las cardiovasculares, respiratorias o articulares van a obligar a modificar las pautas y hábitos sexuales, dando la oportunidad a explorar nuevas formas de dar y recibir placer (se buscaran nuevas posiciones, nuevos horarios, más juego previo...).

La relación de amor en pareja se transforma en parte fundamental de la vida en las personas mayores. Los abrazos, los besos y las caricias, así como el saberse querido, cogen una nueva dimensión, tanto si hablamos de una pareja con largos años de convivencia como si se trata de una nueva relación.

Con la edad conocemos mejor el propio cuerpo y los propios deseos y también los de la pareja.

3 Se sabe que la penetración no lo es todo y esto permite redescubrir nuevas preferencias, nuevas zonas erógenas, nuevas prácticas para llegar al orgasmo.

4 Se tiene más confianza en uno mismo y el físico ya no juega un papel importante en el sexo. El atractivo sexual no se basa completamente en la apariencia física, esto permite la desinhibición y dar rienda suelta a los deseos.

5 Se ha perdido la necesidad de estar cumpliendo todo el tiempo, y de dar la talla, de quedar bien con nuestro compañero sexual, y nos enfocamos en buscar el placer para ambos.

6 Se prima la calidad en vez de la cantidad.

Se sabe por distintos estudios que las personas mayores con una vida sentimental y sexual, tienen mejor salud física y mental. Los beneficios que tiene para la salud superan las desventajas. Entre otros efectos beneficiosos, el sexo mejora el estado de ánimo, ayuda a minimizar estados de ánimo depresivos, fortalece el sistema inmunológico, puede contribuir al alivio del dolor, y muy importante, retardar el declive propio de la edad.

96 ...A PINTAR MADERA COMO SI FUERA VIEJA

■ NECESITAS:

- Papel de lija de agua y papel de lija para madera – Tapaporos
- Pintura base – Estropajo – Pintura para el acabado
- Pinceles del 2,5 y del 5 – Trementina para limpiar los pinceles

---

1 Lija lo que vayas a pintar y tapa grietas si las tiene. A continuación da una capa abundante de imprimación con tapaporos.

2 Cuando haya secado, lija con el papel de lija de agua que deberás mojar en agua.

3 Seguidamente, aplica una capa de pintura base. Una vez esté seca, lija suavemente.

4 Aplica el color final con pinceladas cruzadas. Para darle apariencia de mueble viejo, cuando la pintura esté seca, lija las zonas que quieras que se vean desgastadas con el papel de lija de madera.

5 También puedes usar pintura con base de tiza que dará al mueble un acabado un poco rugoso y antiguo y te ahorrarás lijar al final.

...A CONOCER LOS ENEMIGOS DEL CEREBRO

Es esencial conocer cuáles deben ser nuestros compañeros de viaje para llegar a una edad avanzada con un estado óptimo del cerebro.

GRANDES ENEMIGOS	GRANDES AMIGOS
La rutina.	La permeabilidad, el cambio, nuevas maneras de hacer las cosas, la flexibilidad.
Una manera de pensar inmovilista.	El pensamiento divergente, la innovación.
El tedio, la pereza y el paso de las horas muertas, sin hacer nada.	El esfuerzo, la perseverancia, la constancia, el deseo de mejorar constantemente.
El conformismo.	La búsqueda de lo que no es usual, el riesgo.
La depresión.	La autoestima, la asertividad, la ilusión.
Los desórdenes de ansiedad.	El placer de vivir, la voluntad de supervivencia.
La pasividad.	El activismo.
La falta de curiosidad.	La curiosidad, el deseo de investigar, la pasión.
El pesimismo y la negatividad.	El optimismo, la vida en positivo, la felicidad.
La falta de aficiones.	Las aficiones.
El desinterés por el estudio y la lectura.	La motivación permanente para aprender.
El desinterés por las nuevas experiencias.	El interés por las oportunidades culturales.
El hecho de dormir poco.	El sueño reparador.
La apatía sexual.	El deseo, la actividad sexual constante.
EL tabaco, el alcohol y una dieta insana.	Los buenos hábitos y una dieta equilibrada.
El estrés.	La tranquilidad, el equilibrio, la serenidad.
La falta de vida familiar y social.	La participación en la sociedad.

La vida no es infinita. Vivimos ignorando la muerte, debido al dolor que nos causa. En algunos países, se está fomentando la educación acerca de la muerte para personas de todas las edades, incluso en la escuela primaria, con el objetivo de que se comprendan las propias actitudes hacia la muerte, así como la familiarización con el hecho inevitable de morir. También existe preparación que deben pasar el duelo por su ser querido.

El duelo no es más que un mecanismo de defensa que ponemos en marcha para adaptarnos a la vida sin la persona fallecida. Una oportunidad de actualizar nuestras emociones para poder despedirnos de un ser querido.

Pasos o fases consideradas necesarias para resolver el duelo:

• Admitir la pérdida del ser querido, después de un periodo de negación e ira.

• Expresar sentimientos y emociones y aceptarlas.

• Admitir y revivir recuerdos y sentimientos, tanto positivos como negativos.

• Aceptar el cambio generado por la pérdida y replantear la propia vida.

• Reacomodarse, sustituyendo la relación presencial por otra de recuerdos. Rememorar y celebrar la vida del ser querido. Visitar lugares significativos, llevar objetos del fallecido, son rituales buenos para procesar el duelo.

• Reorientar la energía, intereses y dedicación ligadas a la persona muerta, hacia nuevos proyectos, ilusiones y afectos.

• Buscar redes de apoyo, modos de afrontar la viudez para seguir viviendo en forma positiva. Buscar la solidaridad o bien ayudar a otras personas viudas, puede ser de gran ayuda.

...LOS SÍMBOLOS DE LIMPIEZA
DE LA ROPA

Seguro que siempre has querido comprender el montón de símbolos con indicciones de limpieza que llevan las etiquetas de la ropa. Aquí los tienes todos y más.

Lavar a 30° máximo	Lavar a 40° máximo	Lavar a 50° máximo	Lavar solo a mano	No lavar	Lavar a 30° máximo
Lavado para plancha	Lavado delicado	Lavado muy delicado	Se puede usar blanqueador	Usar solo blanqueadores de oxigeno	Usar solo blanqueadores de cloro o lejia
No usar blanqueadores	Puede secarse con secadora	No secar en secadora	Secado delicado	Secado muy delicado	Secar colgado de una percha
Tender sin escurrir	Secar extendido en horizontal a la sombra	Tender sin escurrir a la sombra	Se puede planchar	Planchar a 110° máximo. Sedanatural, rayón, acetato o acrílico	Planchar a 150° máximo. Lana y mezclas de poliéster
Planchar a 200° máximo. Algodón, lino o viscosa	No planchar	No usar golpe de vapor	Limpieza en seco	Limpieza en seco con cualquier tipo de disolvente	Limpieza en seco solo con productos que no tengan tricloretileno
Limpieza húmeda	Limpieza en seco solo con productos minerales	Limpieza en seco de ropa delicada	Limpieza en seco de ropa muy delicada	Limpieza en seco ciclo corto	Limpieza en seco con humedad reducida

APRENDER TE HARÁ LIBRE. NO DEJES NUNCA DE HACERLO.